Geheimnisvolles Irland

GEHEIMNISVOLLES
IRLAND

Ruinen, Abteien, Schlösser, Herrenhäuser

FOTOGRAFIEN VON SIMON MARSDEN
TEXTE VON DUNCAN McLAREN

EULEN VERLAG

Aus dem Englischen von Claus Lohr und Hans-Christian Oeser

Diese überarbeitete Ausgabe wurde in England
bei Little, Brown and Company (UK) veröffentlicht
Die Erstausgabe erschien 1980 bei HarperCollins Publishers

ISBN 3-89102-262-X
Gestaltung: Andrew Barron und Collis Clements Associates
Satz: F. X. Stückle, Ettenheim
Druck und Einband: Graphicom, Vicenza

Schmutztitelseite: Reste des Torbogens, Ardfert House, County Kerry.
Titelseite: Duckett's Grove, Carlow, County Carlow.

Dieses Buch ist den Kobolden gewidmet

Mittnächtlich trat ich in ein festliches Haus hinein,
Die hellen Tore offen, die Fenster voller Schein,
Und alle meine Freunde haben mir zugelacht,
Da bin ich in Ruinen, wo Wind heult, aufgewacht.
Und wenn ichs recht bedenke, muß ich hinaus und gehn
Unter Hunde und Pferde, die mein Gespräch verstehn.
Was solls damit, was solls damit,
Was sollen Worte noch?

William Butler Yeats: Der Fluch Cromwells
(dt. v. Werner Vordtriede)

DROMORE CASTLE

Was stellen sich die Menschen heute vor, wenn sie an Irland denken? Nebelschwaden, Berge, Klee, Geschichten von Zauberkräften, die englischen Eroberungsheere von Eduard I. über Oliver Cromwell und die Zeit der Unruhen bis hin zu Winston Churchill und einiges mehr. Loyalität, Politik und Fortschritt. Oder ist es Trauer, Tod, Fieber und Hungersnot? Für mich ist es die Verbindung dieser Dinge, denn ganz gleich, wie grausam ihre Schönheit ist, die Insel zieht mich doch in ihren Bann. Es ist ein rauhes, harsches Land, das nimmt und immer wieder nur nimmt, uns aber mit einer Mischung aus Schönheit, unübertroffener Geistesgröße und Überlebenswillen beschenkt.

Irlands oft tragische und unruhige Geschichte hat, verbunden mit seiner tiefen Religiosität und Mythengläubigkeit, dazu beigetragen, unter den Bewohnern und ihrer Umgebung eine Atmosphäre der Unzugänglichkeit und Unwirklichkeit zu schaffen. Dieses Gefühl des Fatalismus wird durch die zahlreichen verfallenden Ruinen, die über die Landschaft verteilt sind, noch verstärkt. Viele dieser Häuser waren von einflußreichen Großgrundbesitzern erbaut worden, die einige der hervorragendsten Architekten ihrer Zeit engagiert hatten. Einige waren Stammsitze bedeutender Geschlechter; andere wurden nur als Sommerresidenzen benutzt. Für ihren Verfall gibt es viele Gründe: Cromwell, Bürgerkriege, Hungersnöte, Agrarreformen, Bankrotte. Heute sind die Häuser nur mehr Symbole vergangener Macht und Größe.

Die hier vorgestellten Stätten umfassen ein weites Spektrum an Architektur, von Burgen und Turmhäusern bis hin zu Abteien und prächtigen neugotischen und palladianischen Herrenhäusern. Ihre architektonischen Besonderheiten sind in anderen Büchern umfassend behandelt worden. Wir sind mehr daran interessiert, sie in ihrem früheren Glanz wiedererstehen zu lassen.

Im Sommer 1959 habe ich Irland zum ersten Mal besucht. Damals war ich fünfzehn Jahre alt. Es war ein sehr heißer Sommer, und die ganze Familie fuhr nach Cork, danach weiter nach Connemara, wo wir in einem Anglerhotel übernachteten, das früher einmal dem Maharadscha von Navanagar, nördlich von Bombay, gehört hatte. Der Wasserstand war sehr niedrig, und es gab keine Fische. Das Hotel war ein merkwürdiger georgianischer Bau, der in eine viktorianische Villa umgestaltet worden war, leider nicht sehr ansprechend. Später kamen wir am Schloß Lismore vorbei, dem irischen Sitz des Herzogs von Devonshire, einem der größten Grundbesitzer Irlands. Überall gab es verfallene Burgen, Seen und die heidefarbenen Hügel des Westens. Wegen der vielen fesselnden Erlebnisse, der Vergnügungen bei Pferderennen und Tanzveranstaltungen (und dem anschließenden Kater) stand Irland seit dieser Zeit nahezu jedes Jahr auf meinem Reiseprogramm.

Nach einem Wochenende, an dem ich auch das Irish Derby besuchte, hielt ich mich in der Folge eines schlimmen Verkehrsun-

BALLYNALACKAN CASTLE, COUNTY CLARE

falls länger als üblich in Irland auf. Später, während eines Aufenthalts in der Nähe von Kilmallock in der Grafschaft Limerick, erzählte mir Mrs. McCalmont die Geschichte „Das bezweifle ich, sagte Croker“ (siehe Seite 66). Als ich etwa ein Jahr darauf in Irland arbeitete, kam ich an der eigenartigen Burgruine der Crokers vorbei und wurde von den Überresten aus einer vergangenen Zeit immer stärker fasziniert. Gab es da noch andere Geschichten, die die Ruinen uns erzählen konnten? Wer hatte dort gelebt? Und weshalb waren sie aufgegeben worden?

In London traf ich Simon Marsden, dessen Fotografien diese verödeten und sehr romantischen Ruinen auf dieselbe Art abbildeten, wie ich sie mir immer vorgestellt hatte. In seinen Fotografien erkannte ich eine ganz eigene Tragik, eine Stille, eine überwältigende Stimmung, die dem Zauber der Ruinen und der Menschen entsprachen, deren Leben so eng mit ihren Rätseln verknüpft waren.

Befragte man jedoch die jetzt dort lebenden Bewohner nach den Ruinen, so zeigten sich die meisten nicht interessiert an den alten Gebäuden; für sie waren es nur „so ein paar alte Steine“. Selbst wenn eine Burg mitten auf ihrem Hof stand, wie im Fall von Castle Strange, wußten die Besitzer kaum etwas von der Herkunft ihres Namens oder ihrer Geschichte. Was sich da im Hof befand, war nichts als Stein und Mörtel, etwas, das im Wege war, etwas aus der Zeit der Großeltern, aus der Zeit der Unruhen oder früheren Tragödien, aus einer Zeit, in der Armut im Leben ihrer Vorfahren der bestimmende Umstand war. Deshalb ist es auch nicht weiter erstaunlich, daß niemand diese Gemäuer besonders schätzt. Je schneller sie verschwinden, desto besser. Und verschwinden werden sie. Witterung, Vandalismus und Nachlässigkeit werden sie verkommen lassen.

Diesen Prozeß wollte ich rückgängig machen und die Einmaligkeit der Bauten festhalten. Die meist nur vom Hörensagen bekannten Geschichten dieser Häuser und der in ihnen wohnenden Menschen können uns viele vergangene Jahrhunderte näherbringen.

Irlands Schönheit wird tragisch genannt, und sie ist tragischer, denke ich, als die der meisten anderen Länder Europas. Dieses Volk ist so rastlos, eigensinnig und ideologisch verhärtet, daß sich kein Konflikt der Vergangenheit oder Zukunft jemals auch nur annähernd wird lösen lassen.

So viel Zeit aufgebracht,
So wenig Zeit für Gedanken,
An das, was hätte gerettet werden können,
An das, was hätte erhalten werden können.
Wer kennt die Kosten?
Wer führt die Bücher?

Und daher wird ein Haus aus den verschiedensten Gründen aufgegeben oder niedergebrannt, und die Bewohner ziehen fort. Das Land wird meist von Gutsverwaltern der ehemaligen Besitzer übernommen, wie etwa im Falle von Wilton Castle, wo sie in den Stallungen des herrschaftlichen Hauses wohnen. Die Parkanlagen wurden umgepflügt, Gärten sind verschwunden und wertvolle, alte Bäume wurden gefällt, um das Holz zu verkaufen. Oft bleibt nur das Mauerwerk stehen, umgeben von einem Stacheldrahtzaun, um Kühe und Schafe einzuhegen – oder um Leute wie Simon und mich fernzuhalten. Auf Schildern ist zu lesen: „Vorsicht, bissiger Hund!", „Achtung, Stiere!" oder einfach nur der Name der Besitzer, die in der Vergangenheit eine so große Rolle gespielt hatten.

Häuser des sozialen Wohnungsbaus breiten sich aus; Kenure Park ist unter einer solchen Siedlung verschwunden. Leap Castle wurde von einem Australier, einem Verwandten der ursprünglichen Eigentümer, erstanden, doch am Zustand des Hauses hat sich nichts verbessert. Frenchpark House wurde 1953 abgerissen, weil die Steuern nicht entrichtet werden konnten.

Zum Glück konnte einiges gerettet werden – z. B. die Anlagen von Woodstock und das St. Leger House in Doneraile. Portumna bietet einen majestätischen Anblick, auch wenn das Dach fehlt. Andere, wie Castle Lyons, starren trutzig auf ihre lärmenden Nachbarn; im Burghof hat sich eine Autowerkstatt breitgemacht.

Die Vergangenheit dieser Burgen, Herrenhäuser und Villen ist Irland, eine privilegierte Welt. Vielleicht werden sie in Zukunft den Restaurateuren, vielleicht den Planierraupen überlassen – oder einfach nur der Gleichgültigkeit.

DUNCAN MCLAREN, 1980

EINE ANMERKUNG AUS DEM JAHRE 1996

Ich fuhr nach Lacken Bay und spazierte durch das Tor und die Auffahrt zum Schloß hinauf. Es war ein heller, sonniger Tag, die Möwen schossen im Sturzflug herab und schrien um mich herum, bevor sie abdrehten und an den Strand zurückschwebten. Die Mauern von Lacken standen noch, gerade noch. Im Lauf der Jahre ist vieles eingestürzt. Ich ging in den Gemäuern umher und schaute durch ein großes Erkerfenster auf ein Stück Wiese, auf die mit Ziertürmchen geschmückte Parkmauer. Mehrere braun-weiße Kühe gesellten sich zu mir, um ebenfalls zu schauen. Auf ihrem Rücken krabbelten Bremsen. Die Landschaft flimmerte in der Sonne. Die Türmchen zerschnitten mein Blickfeld, aber im Hintergrund waren die Hügel von Mayo zu sehen. Im Park gab es keine Bäume. Der Stallhof war voll von Brombeersträuchern, Jakobskraut, Thymian, Efeu und Schlamm. Ruinen strahlen eine solche Schönheit, eine solche Stille aus und bieten der Phantasie so viel Zauberhaftes. Es ist, als betrachte man das Meisterwerk eines großen Malers, der klug genug war, das Ganze nur zu skizzieren.

Immer wieder erwachte meine Liebe zu den heidebewachsenen Hügeln und zu den Burgen längst vergangener Zeiten. Jetzt war es das Jahr 1995. Ich schlenderte hinunter zum Strand, an dem sich die Wellen brachen, während ich bis zur Landspitze vordrang. Ich schaute zurück auf Lacken, alles wirkte vollkommen harmonisch. Es hätte ebenso das Jahr 1915 sein können.

CADAVER, BEAULIEU HOUSE

Als wir noch Kinder waren, spornten wir uns gegenseitig an, über die hohen Mauern zu klettern, die das Gut umfriedeten, und dann die Auffahrt hinaufzuschleichen, indem wir uns hinter den riesigen Eichen versteckten, die zu beiden Seiten standen, bis wir in der Ferne die prunkvollen Türme des Schlosses erblickten. Einmal wurden wir von einem der vielen Gärtner ertappt und zum Herrenhaus gezerrt. Ich weiß noch, wie ich mit meiner kleinen Schwester in der großen, dunklen Eingangshalle stand, umgeben von Rüstungen und Portraits berühmter Menschen. Seine Lordschaft kam langsam die große Treppe herunter und drohte uns hoch überragend: „Laßt euch nie wieder auf meinem Grund erwischen."

Das faltige Gesicht des alten Iren war von Skepsis gezeichnet, als er hinzufügte: „Was denken Sie, meinte er mit seinem Grund?"

Es war ein Sommerabend im Jahre 1976. Ich saß in dem vormals reich verzierten Pförtnerhaus am Eingang zu einem grandiosen, verfallenen Gutshaus inmitten Irlands. Der Raum war dunkel und karg möbliert, eine Fülle religiöser Gegenstände wurden schauerlich beschienen von Kerzenlicht. Ich lauschte den Kindheitserinnerungen eines über neunzig Jahre alten irischen Ehepaares. In ihren Jugendjahren, zur Zeit der anglo-irischen Vorherrschaft, waren sie auf dem Landgut angestellt gewesen. Später, während des Bürgerkriegs in den Zwanzigern und der darauffolgenden Vertreibung des Gutsherrn, wurden sie Zeugen des Niedergangs und des Verfalls. Der Grundbesitz wurde unter den Bewohnern des Ortes verteilt und den Alten das Haus mit ein paar Morgen Land zugesprochen. Heute noch, etwa sechzehn Jahre nach der ersten Veröffentlichung einiger Bilder, aus „Geheimnisvolles Irland", verfolgt mich die Erinnerung an dieses Gespräch.

Irland ist eine der ältesten Zivilisationen Europas, und sein kulturelles Erbe ist tief verwurzelt in der keltischen Tradition von Mythos und Magie. Als Volk gaben sich die Iren der ehrfurchtgebietenden Macht der Natur hin und schoben die Wirklichkeit von sich, sie machten Dichter zu ihren Königen und glaubten an eine ‚Anderwelt', die nahe an den Grenzen zur greifbaren, ‚wirklichen' Welt lag. Diese ‚Anderwelt' war der Quell ihrer Weisheit. Die Nähe zur Natur brachte sie in die Nähe zu Gott.

Einst waren über das ganze Land mittelalterliche Festungen, die Domäne vorzeitlicher Könige, verstreut und auf prähistorischen *ráths* oder Hügelforts erbaut worden. Im Umkreis ihrer Ruinen verspürt man heute eine mystische Aura, die das Land selbst mit seinen Hügeln, den Flüssen und den uralten, knorrigen Bäumen ausstrahlt. Viele dieser Bauten wurden von den Briten zerstört, die die wuchtigen Quader für den Bau neuer Herrenhäuser verwendeten. Die gälischen Stammesfürsten wurden oft nach Übersee verbannt. Doch die Erinnerungen leben fort, denn Irland ist auf vielfältige Weise mit seiner Vergangenheit verflochten, es ist ein Land, das Fortschritt als Rückreise, nicht als Auszug wertet.

Die anglo-normannischen Eroberer des 12. Jahrhunderts taten die Iren als wild und naiv ab. Ihre Nachfolger, die Eroberungsheere Elisabeths I. im 16. Jahrhundert und die plündernden protestantischen Truppen Oliver Cromwells ein Jahrhundert später, machten es ihnen nach. Wie konnten diese Eindringlinge jemals etwas anderes sein als Fremde, da sie doch mit ihrer englischen Genauigkeit, mit ihrem Hang zu Formalitäten und Materialismus dem wildwüchsigen Geist der Iren, der sich in der Überschwenglichkeit ihrer Musik und der Phantasie ihrer Dichtkunst niederschlägt, so eindeutig entgegenstand? Und doch ließen sich die englischen Soldaten, die für ihre Loyalität zum Königshaus mit großen Landgütern belohnt wurden, von der Freiheit und der Zeitlosigkeit dieses unbeständigen Landes verführen. Alles, was sie gekannt und geschätzt hatten, wurde durch eine ungegliederte, fremde Logik untergraben, bis sie schließlich nicht mehr ihrem Verstand, sondern ihrem Herzen nachgaben.

Unter den herrschenden Dynastien gab es gute und schlechte Gutsherren. Einige wurden als Nationalisten bei ihren Untertanen und im irischen Volk geachtet. Andere wurden wegen ihrer karitativen Arbeit geschätzt, besonders in den Jahren der Großen Hungersnot Mitte des 19. Jahrhunderts. Doch viele, die in ihrem Herzen der englischen Krone treu blieben, verbanden sich nicht mit ihrer Wahlheimat, sondern sahen in Irland nur eine Möglichkeit, Geld zu verdienen und ihre politische Karriere zu fördern.

Als das 19. Jahrhundert seinem Ende zuging, wurde deutlich, daß diese privilegierte Welt sich überlebt hatte. Die Dynastien, die allzusehr auf den Ruhm ihrer Vorfahren gebaut hatten und an ihren unerschütterlichen viktorianischen Wertvorstellungen, an ihren endlosen Hausgelagen festhielten, waren zum Untergang verurteilt. Als der Glanz ihrer Herrschaftshäuser zu verblassen begann, wurde ihre vormals honorige Exzentrik zunehmend wunderlich, und sie zogen, um der vordringenden Feuchtigkeit und dem nahenden Verfall auszuweichen, einfach von Saal zu Saal und verkauften die Familienerbstücke, bis nur noch Erinnerungen zurückblieben. Von Daisy Rolleston von Franckfort Castle in Tipperary wurde erzählt, sie habe ihre Lieblingsperlenkette „aus Furcht, die Ratten würden sie fressen“, einer Freundin geschenkt, und die zweimal verwitwete Mrs. de Sales La Terriere, die sich oft als Mann kleidete, ließ sich, als ihr Schloß rund um sie zerbröckelte, in hohem Alter von Kesselflickern versorgen. Manche verfielen dem Alkohol oder dem Glücksspiel, während andere auf leise Art verrückt wurden, bis schließlich der Bürgerkrieg in den zwanziger Jahren dieses Jahrhunderts ihr Erbe durch Brandschatzungen und Vertreibungen gänzlich zunichte machte. Es wirkte beinahe so, als habe sich eine übernatürliche Kraft an dieser einstmals unbesiegbaren herrschenden Klasse rächen wollen.

Als ich Duncan McLaren zum ersten Mal traf, entdeckten wir, daß wir beide symbolistische Malerei und das Geheimnis der

Ruinen liebten. Er kannte Irland gut und schlug vor, gemeinsam einen Fotoessay über die großen Häuser und Schlösser abzufassen. Über die anglo-irischen Familien, ihre Häuser und ihre Leistungen sind bereits andere Bücher veröffentlicht worden; wir aber wollten herausfinden, wie und weshalb so viele dieser Bauten heute in Trümmern liegen.

Die Geschichten, die diese Bilder begleiten, sind eine Mischung aus Historie, Legende und mündlicher Überlieferung, denn wir befinden uns in Irland, einem Land mit althergebrachter Erzähltradition. Ein eher prosaischer Grund für die im wesentlichen mündlich überlieferten Quellen ist aber der, daß beim Brand des Dubliner Justizpalastes *Four Courts* während des Bürgerkriegs viele wichtige historische Dokumente, Testamente und Vertragsurkunden zerstört wurden.

Irland ist sowohl geographisch als auch geistig ein Land an der Peripherie, und seine Abgeschiedenheit bewirkt auch seine Traurigkeit. Ich habe an diesen Ruinen jedoch nichts Bedrückendes gefunden, sondern nur Frieden, symbolisieren sie doch eine unendliche Stille, ein Schweigen, das mächtiger und anhaltender ist als der Mensch. Es mag anmaßend erscheinen, wenn die Engländer von den Iren erwarten, daß sie diese offensichtlichen Symbole britischer Unterdrückung ehren und erhalten, doch sind sie jetzt nicht auch Irlands Erbe?

Sitzend auf dem alten grauen Stein,
Unter dem alten, windgepeitschten Baum,
Wußt ich einen Pulsschlag lang,
Daß Eins beseelt ist,
Der Menschheit unbeseelte Phantasie.

William Butler Yeats: Meditation zur Zeit des Krieges

Nachdem ich das alte Ehepaar im Pförtnerhaus verlassen hatte, ging ich durch das zerfallende Eingangstor, dessen gesichtslose steinerne Sphinxe noch immer Wache standen. Die Auffahrt war längst von Dornengestrüpp überwuchert und mit Schlaglöchern übersät. Eine große Stille senkte sich herab, und mir war, als beträte ich eine andere Welt. In der Ferne ging die Sonne über einem alten Hügel unter, auf dem einst die Druiden ihre Kultstätten hatten. Durch die skelettartigen Zweige der Eichen fielen Lichtstrahlen, und allmählich schwand jeder Realitätssinn. Einst war dies der Sitz eines irischen Stammeshäuptlings gewesen; die massiven Steine seiner uralten Burg waren in den Grundmauern des neugotischen Herrenhauses verbaut worden. Als ich mich dem efeubewachsenen Portikus des Herrenhauses näherte, kam es mir vor, als stünde die Zeit still, als sei der Schleier zwischen dieser und der nächsten Welt durchsichtig. Dies sind Nachklänge einer untergegangenen Welt, sie machen den Kern des irischen Wesens aus.

SIMON MARSDEN, 1996

Duckett's Grove

Carlow, County Carlow.
Erbaut 1830. 1933 versehentlich durch Feuer zerstört.

In der Säulenhalle hing etwas im Stile eines gläsernen Kronleuchters, das klirrte und wie Feenmusik klang, wenn die Tür geöffnet wurde… Gemeißelte Menschen- und Tierköpfe zierten die Außenwände", schrieb Mary Pender 1974 im *Journal of the Old Carlow Society,* in dem sie die frühere neugotische Pracht von Duckett's Grove schilderte. 1830 war das Haus von William Duckett auf einem Gut von mehr als 5 000 Morgen errichtet worden, am Eingang stand das gewaltigste mit Zinnen versehene Tor im Süden Irlands.

Die Ducketts waren ursprünglich aus Lincolnshire stammende Quäker, deren frühester Vorfahre 1641 als Hornist mit der Cromwellschen Armee nach Irland gekommen war. Nachfolgende Generationen sicherten sich die Ländereien durch Kreditaufnahme und Zwangsräumungen. Auf einem Hügel im Ostteil des Gutes hatten sie sogar ihre eigene Grabstätte, die den Namen „Frolic" (Übermut) trug. Viele Mitglieder dieses privilegierten Geschlechts liegen noch immer hinter den hohen Gemäuern begraben.

Während der Unruhen wurde das Herrenhaus von Soldaten der Irischen Republikanischen Armee besetzt, viele Führer der Nationalisten suchten dort Unterschlupf. 1908 starb der letzte männliche Erbe, doch seine gefürchtete Witwe blieb bis 1912 in dem Haus wohnen, bis sie dann nach Dublin zog und dabei einige Möbel und Antiquitäten mitnahm. Das verbliebene Mobiliar wurde 1929 versteigert, das Land unter die Leute aus der Nachbarschaft verteilt, von denen viele Nachkommen der ursprünglichen Besitzer waren, die man von ihrem kleinen Landbesitz vertrieben hatte. Eine Sammlung prächtiger Reisekutschen wurde von einem Bestattungsunternehmen aufgekauft, die herrliche Orgel gelangte in die Kirche von Graiguecullen.

Die Vormachtstellung der Ducketts war damit beendet, und 1933 brannte das Haus auf mysteriöse Weise aus. Heute befindet es sich im Besitz einer gewissen Frances Brady, die in einem der Türme wohnt, während draußen zwischen zerbröckelnden Statuen friedlich das Vieh weidet.

Danganbrack Tower
Quin, County Clare.
Erbaut im 13. Jahrhundert.
1640 durch Cromwellsche Truppen zerstört.

Von der alten Burg der Macnamaras ragen zerfallene Giebel zum Himmel auf. Der massive, einzeln stehende Turm, den man erreicht, indem man eine Holzbrücke über einen tiefen Fluß überquert, ist bekannt unter dem Namen „Der verhängnisvolle Turm von Mahon Macchuin“. Hier verbrachten die mörderischen Truppen Oliver Cromwells vor der nächtlichen Plünderung von Quin Abbey einige Zeit mit Essen und Trinken.

Castle Bernard

Bandon, County Cork.
Erbaut im 17. Jahrhundert. Im 19. Jahrhundert umgestaltet.
1921 während der Unruhen niedergebrannt.

Am 21. Juni 1921 wurden der Graf und die Gräfin von Bandon kurz nach Tagesanbruch von Eindringlingen überrascht. Zusammen mit ihren Gästen wurde ihnen befohlen, das Haus zu verlassen. Auf dem Rasen ihres Grundstücks stehend mußten sie mit ansehen, wie ihr Schloß von der Irischen Republikanischen Armee niedergebrannt wurde. Als es mitsamt der prächtigen Einrichtung von einem Flammenmeer verschlungen wurde, sang die Gräfin „God Save the King". Lange stand sie aufrecht da und sang.

Der Graf, der Vierte Earl of Bandon, der als irischer Vizekönig schon seit einiger Zeit auf der schwarzen Liste gestanden hatte, wurde von den Nationalisten entführt. Im Schutz der Nacht wurde er auf einem alten Holzkarren, an dessen splittrigen Wänden er sich verletzte, von Versteck zu Versteck geschafft. Ansonsten wurde der siebzigjährige Aristokrat nach eigenem Bekunden von seinen Häschern pfleglich behandelt. Doch obwohl man ihn reichlich mit Brandy versorgte, war er, als man ihn drei Wochen später zu der ausgebrannten Ruine zurückbrachte, ein gebrochener Mann. Er starb 1924. Castle Bernard war eines von sechzehn Landhäusern in der Gegend um Bandon, die in einem Zeitraum von nur zehn Tagen bis auf die Grundmauern eingeäschert wurden – ein großer Schock für die herrschenden Briten.

Die Burg, die um eine alte Festung der O'Mahoneys erbaut worden war, erwarb sich den Ruf, eines der unbeschwertesten und gastlichsten Häuser Irlands zu sein, insbesondere während der 1876 geschlossenen Ehe des Vierten Earls mit „Doty", wie sie von Angehörigen und Freunden genannt wurde. Dem Grafen wurde eine zwanghafte Spielernatur nachgesagt: Um seine Schulden zu begleichen, veräußerte er viele Werke alter Meister aus der Familiensammlung und ersetzte sie, um den Verlust zu kaschieren, durch Kopien. Die festlichen Empfänge des Paares waren legendär, und die überwältigende Ausstrahlung der beiden trug ihnen die Beinamen ‚König' und ‚Königin' ein.

Der Fünfte (und letzte) Earl, bekannt unter dem Namen ‚Earl of Abandoned' (das bedeutet etwa ‚Graf Ohnehaus'), lebte in einem kleinen Cottage auf dem Gut. Als er 1979 starb, nahm er seinen Titel mit ins Grab. Das weitläufige, von Efeu überwucherte Mauerwerk der Burg ist zum Zufluchtsort für Eulen, Fledermäuse und andere Nachttiere geworden, die in der Abenddämmerung, wenn Dunkel und Schweigen die Ruine umhüllen, gelassen durch die hohen gotischen Fenster gleiten.

Castle Freke
Rosscarberry, County Cork.
Erbaut 1780. Verkauft in den zwanziger Jahren des 20. Jahrhunderts.
1952 abgerissen.

Diese gewaltige Ruine mit Zinnen und Türmen steht auf einem Hügel mit Blick übers Meer. Das ursprüngliche Schloß, bekannt unter dem Namen Rathbarry, gehörte der mächtigen Familie Barry (siehe Castle Lyons, Seite 30), wurde im 17. Jahrhundert aber von den Frekes erworben. Gegen Ende des 18. Jahrhunderts war es so heruntergekommen, daß Sir John Evans-Freke es aufgab, um ein prunkvolleres und seiner gesellschaftlichen Stellung angemesseneres Herrenhaus zu errichten.

1910 brannten die klassizistisch eingerichteten Innenräume des Hauses aus, wurden jedoch rechtzeitig restauriert, um zur Feier der Volljährigkeit des Zehnten Lord Carberry 1913 einen großen Ball zu geben. John Carberry hatte den Titel im Alter von sechs Jahren ererbt, nachdem sein Vater sehr jung an Tuberkulose gestorben war. Seine aus England stammende Mutter schrieb romantische Romane über die Iren und zog einen draufgängerischen, leichtsinnigen und, wie manche raunten, unheimlichen Sohn heran, der zwei Monate nach diesem prächtigen Ball ein außerordentlich schönes englisches Mädchen heiratete. Die Hochzeit füllte wochenlang die Klatschspalten der Zeitungen.

Eine der vielen Heldentaten von Lord Carberry bestand darin, das Fliegen zu erlernen, und mit seinem Privatflugzeug gab er improvisierte Vorführungen über dem Schloßgelände. Im Ersten Weltkrieg wurde er ein erstklassiger Pilot. Freilich kehrte er in eine veränderte Welt zurück, und mußte sein privilegiertes Leben aufgeben. In den zwanziger Jahren sah er sich gezwungen, den Herrensitz zu verkaufen. Heute wird der spektakuläre Ausblick vom höchsten Turm auf den wilden Küstenstrich durch einen modernen Campingplatz gestört.

Castle Lyons

Castlelyons, County Cork.
Erbaut im 16. Jahrhundert. 1771 versehentlich durch Feuer zerstört.

Die Barrymores sind als die, wenn nicht mächtigste, so doch sicherlich berüchtigtste Adelsfamilie ganz Irlands in Erinnerung. Sie waren anglonormannischer Abstammung, auf dem Höhepunkt ihrer Macht herrschten sie von ihrem Stammsitz in Castlelyons aus über mehr als 300 000 Morgen in der Grafschaft Cork. Heute ist das Schloß eine grandiose Ruine, ein weithin sichtbares Wahrzeichen und ein schmerzliches Denkmal für die Schandtaten der Familie: Verrat, Mord und Ausschweifung.

Das Gut war ursprünglich auf dem Grund einer Befestigungsanlage des irischen Clans der O'Lehans errichtet worden. Der furchteinflößende Ruf der Barrymores war schon fest etabliert, als David Barry, der 1627 zum Ersten Earl of Barrymore ernannt werden sollte, das Landgut von einem Großonkel erbte und ein prachtvolles Herrenhaus darauf erbauen ließ.

Der Erste Earl erwies sich als ebenso furchterregend wie seine Vorfahren, doch sollte es noch schlimmer kommen. Der Zweite und Dritte Earl waren in politische Intrigen verstrickt, der Vierte Earl, der jakobitische Sympathien hegte, wurde 1744 wegen Hochverrats festgenommen, nachdem sein Sohn und Erbe, der spätere Fünfte Earl, ihn verraten hatte. Dieser hatte eine Schwäche für Alkohol, und mit ihm begann der Abstieg der Familie in den Bankrott. Der Sechste Earl, Richard Barry, der 1751 im Alter von sechs Jahren die Nachfolge antrat, war ein Spieler und Betrüger. In Eton und Oxford erzogen, war er ein im Ausland lebender Grundbesitzer von ganz besonders unangenehmem Charakter. Während seiner Herrschaft wurde das Schloß 1771 durch ein tragisches Feuer zerstört.

Das Feuer begann, als zwei reisende Kesselflicker, Andy Hickey und sein Lehrjunge Lewis, Bleidachrinnen reparierten. Sie hatten Hunger und Durst, und als man sie herunterrief, um ihnen Essen und Bier zu geben, ließen sie den glühendheißen Lötkolben aus Versehen auf einem Stück Holz liegen. Als sie zurückkehrten,

hatte das Dach bereits Feuer gefangen, und sie flohen um ihr Leben. Eine Gruppe von Dorfbewohnern rannte zum Gebäude, um beim Löschen zu helfen, doch die englische Haushälterin, die das Feuer nicht bemerkt hatte und die Leute für aufrührerischen Pöbel hielt, weigerte sich, sie einzulassen. Es heißt, das Feuer habe drei Monate lang geschwelt. Von Hickey fand sich keine Spur, aber Lewis ließ sich als Perückenmacher in Templeruane nieder, wo er in der Nähe des Friedhofs lebte und einen Schädel als Modell benutzte. Er wurde hundertsiebzehn Jahre alt.

Der Sechste Earl starb im Alter von achtundzwanzig Jahren, und seine kleinen Kinder wuchsen in England auf, wo sie von ihren Vormündern ungeheuer verwöhnt wurden. Richard, der älteste und später der Siebente Earl, erbte das Familienvermögen. Zusammen mit seinen Brüdern Henry und Augustus wurde er ein enger Freund des Prinzen von Wales, dem späteren Georg IV., der den drei ungebärdigen Charakteren passende Spitznamen gab: Richard war ‚Hellgate' (Höllentor), Henry, der einen Klumpfuß hatte, ‚Cripplegate' (Krüppeltor) und Augustus ‚Newgate' (Neutor).
Ihre Schwester Caroline nannte man wegen ihrer allbekannt vulgären Sprache ‚Billingsgate', nach dem berühmten Londoner Fischmarkt. Der gefeierte satirische Karikaturist James Gillray machte die drei Brüder als ‚Les Trois Magots' unsterblich, die Gesellschaft war über sie entsetzt. Richard starb, nachdem er 300 000 Pfund durchgebracht hatte, im Alter von vierundzwanzig Jahren an den Folgen eines Schießunfalls. Henry, der Achte und letzte Earl, starb 1823 in Frankreich an einem Schlaganfall.

Am Mausoleum der Barrymores im düster-schauerlichen Friedhof des Dorfes Castlelyons ist das eiserne Tor aufgebrochen worden; zum Vorschein kamen die zerschlagenen Särge der Familienmitglieder, deren Skelette über den Steinboden verstreut lagen.

Coppinger's Court

Rosscarberry, County Cork.
Erbaut 1618. 1641 niedergebrannt.

Bevor Sir Walter Coppinger aus dem Haus ging, um einen Streit mit einem Nachbarn zu regeln, wies er seine Diener an, es in Flammen aufgehen zu lassen, sollte er nach Ablauf einer bestimmten Frist von dem schicksalhaften Treffen nicht zurückgekehrt sein. Sir Walter gewann die Wette, um die es ging, und vergaß darüber seine Anweisung. Er trank erlesenen Wein, kehrte erst spät zurück und fand sein Haus in Flammen stehend vor.

Dies ist eine der vielen Anekdoten, die über den berüchtigten Lord und sein romantisches, verfallendes Herrenhaus erzählt werden. Die Coppingers waren einflußreiche Kaufleute aus der Stadt Cork, die ihre Ländereien – wie einige meinen, auf zweifelhafte Weise – im 17. Jahrhundert von den O'Driscolls erworben hatten. Sir Walter, ein ehrgeiziger Tyrann, hatte geplant, sein Schloß mit einem Dorf zu umgeben und den in der Nähe fließenden Fluß Roury zu kanalisieren. Seine Pläne wurden jedoch nie verwirklicht. Nachdem er sich 1641 der Rebellion gegen die Briten angeschlossen hatte, wurde sein Schloß beschlagnahmt, und die Familie büßte, wie die meisten Angehörigen des irischen Landadels dieser Zeit, ihren Besitz ein.

Sir Walter wird nachgesagt, daß er über Leben und Tod der Einheimischen befand und von den Giebelwänden seines Herrenhauses Segelstangen herausragen ließ, die er als Galgen benutzte. Eines Sonntags gelobte er in einem Wutanfall, einen Rivalen aufzuhängen. Da er offensichtlich gottesfürchtig war, sah er sich nicht in der Lage, das Urteil auszuführen, ohne zuvor zur Messe zu gehen. Als er jedoch aus der Kirche trat, bekam er einen Anfall, fiel zu Boden und war binnen weniger Minuten tot. Viele betrachteten dies als höhere Gewalt, nur wenige betrauerten seinen Tod.

Nach einer weiteren Überlieferung wird erzählt, daß Coppinger's Court früher goldene Tore hatte, die in den nahe gelegenen Lough Vickreen geworfen worden seien. Wenn ein Reisender in der Lage ist, sich so hinzustellen, daß er gleichzeitig durch drei Fenster des Herrenhauses sehen kann, so liege dort, wo das Sonnenlicht hinfällt, Sir Walters Gold.

Doneraile Court

Doneraile, County Cork.
Erbaut 1725.
Haus und Grundstück sind vor kurzem von der Irish Georgian Society restauriert worden.

Das herrschaftliche Anwesen der Familie St. Leger ist einmal als traurigste Ruine Irlands bezeichnet worden. Das Land in Doneraile hatten ihre Vorfahren 1627 vom Sohn des Dichters Edmund Spenser erworben. Es war eine Familie, die leidenschaftlich jagte, und so fand 1752 hier das allererste Jagdrennen überhaupt statt. Es führte, so wie es die spätere Tradition der ‚steeple chase' aufgriff, vom Turm der Kirche der St. Legers bis zur Kirche im nahegelegenen Buttevant.

Der Vierte Lord Doneraile war einer der herausragenden Jagdreiter der viktorianischen Epoche. Der hochgewachsene, schneidige Mann verführte viele junge Dienstmägde, weshalb er von einer alten Frau, deren Enkelin er geschwängert hatte, verflucht wurde. Diese prophezeite, Lord Doneraile werde ‚wie ein kläffender Hund' sterben, und die Krähen in Doneraile würden niemals rasten, ehe nicht die Familie verschwunden wäre.

Doneraile hielt einen gezähmten Fuchs, den er überallhin mitnahm. Eines Tages wurde er von dem Fuchs gebissen und mußte nach Paris fahren, um sich bei Professor Pasteur ein Heilmittel gegen Tollwut zu beschaffen. Von Pasteurs strikten Anweisungen gelangweilt, gab er die Behandlung auf. Er starb eines schrecklichen Todes: In einem der winzigen Schlafzimmer im Obergeschoß des Hauses heulte er wie ein toller Hund, bis ein Stallbursche und ein Gärtner ihn aufs Bett drückten und mit einem Kissen erstickten. Nach seinem Tod im Jahre 1887 erblühte das Ansehen der Familie niemals wieder.

Um Haus und Familie ranken sich merkwürdige Legenden. Eine berichtet von einer eiförmigen Lichtkugel, die sich durch Doneraile Park bewegt. Sie schwebt etwa einen Meter über dem Boden, und wenn sie näherkommt, erkennt man, daß sie von der Hand eines Skeletts getragen wird, das rennt, so schnell es kann. Als der Siebte und letzte Lord Doneraile 1956 in dem immer stärker verfallenden Haus starb, näherten sich die Hirsche im Park dem Gebäude und bildeten einen Halbkreis, als wollten sie das Ende einer Epoche markieren.

Dunboy Castle

Castletownberehaven, County Cork.
Erbaut 1730. 1866 umgebaut.
1921 während der Unruhen niedergebrannt.

Im Jahre 1730 wurden der Familie Puxley die Güter der O'Sullivans im Westen der Grafschaft Cork, einer wilden, gebirgigen Gegend am äußersten Rand des britischen Imperiums, übertragen. In der Nähe des alten Schlosses von O'Sullivan Beare begannen Henry und John Puxley mit dem Bau eines prächtiges Herrenhauses, und die O'Sullivans verfluchten sie und prophezeiten, daß in ihren Sälen Kühe umherwandern würden. Doch die Puxleys waren gewiefte Geschäftsleute und unterstützten zu eigenem Vorteil Schmuggler, die an diesem ungezähmten Küstenstreifen landeten.

1866 nahm ihr Nachfahre Henry Lavallin-Puxley größere Umbauten vor. Diese wurden ermöglicht durch den großen Reichtum, den die Familie nach der Entdeckung von Kupfervorkommen auf ihren Ländereien angehäuft hatte. Tragischerweise starb seine Frau 1872 bei der Geburt eines Kindes, und nach ihrer Beisetzung auf dem Friedhof von Adrigole verließ er Irland, um nach England zu fahren und nie wieder zurückzukehren. Das prächtige Haus blieb unvollendet und sollte nur noch als Sommerresidenz dienen.

Im August 1921 kamen Albert Thomas und seine Frau als Butler und Köchin zu Henry Puxleys Enkel, um Vorbereitungen für einen

Hausball zu treffen. In seinen Memoiren schrieb Albert Thomas: „... zu unserer Überraschung bemerkten wir, daß das Schloß nur halb fertiggestellt worden war. Die schönsten Standbilder waren unausgepackt, die Treppe im Flur erst zur Hälfte errichtet... Das war sehr schade, doch mit derartigem muß man hier rechnen. Schon die Luft scheint einen dazu zu verleiten, unerwartete Dinge zu tun."

Wenige Wochen später stahl sich die Irische Republikanische Armee gegen den Willen ihres Befehlshabers über den See und brannte dieses Wunderwerk des viktorianischen Zeitalters nieder. Herr und Frau Thomas waren zuvor von der britischen Flotte auf Beare Island in Sicherheit gebracht worden, doch sie berichteten als Zeugen über den Brand: „Es tat mir sehr leid um all das schöne alte Silber, das wunderbare Kristall und das herrliche Linnen, alles verbrannte, all die herrlichen Statuen und Gemälde, der wunderschöne Salon, alles brannte – weswegen?" Man könnte sagen – wegen der O'Sullivans.

Dunboy und die Familie Puxley wurden zum Vorbild für Daphne du Mauriers Roman *Die Erben von Clonmere,* der im Original nach dem *Hungry Hill,* dem Hügel nordöstlich des Schlosses, benannt ist.

Mount Long Castle

Oysterhaven, County Cork.
Erbaut 1631. 1642 niedergebrannt.

Im Jahre 1603 erbte John Long als vierzehnjähriger Junge die Besitztümer seines Vaters einschließlich des Landguts von Ringanane. Hier, bei Oysterhaven in der Nähe des Meeres, baute er 1631 das Schloß, von dem heute nur noch die Ruinen stehen. Die Longs waren eine alteingesessene irische Familie, und das Gut bildete einen Teil ihres Stammlandes.

Zehn Jahre später, 1641, wurde der hochgeachtete John Long zum High Sheriff der Grafschaft Cork ernannt. Im Herbst des gleichen Jahres brach ein Aufstand gegen die protestantische Vorherrschaft aus, und Long rief seine katholischen Mitstreiter in einem Militärlager zusammen, das er auf einem Hügel bei Belgooly, wenige Meilen nördlich von seinem Schloß, errichtet hatte. In diesem Lager harrten sie bis zum nächsten Frühjahr aus, bis Lord Baltinglass in Kinsale landete, mit seiner Armee gegen die Rebellen vorrückte und sie in einem hitzigen Gefecht in der Nähe von Bandon besiegte. Long und seine Söhne flohen, wurden aber bereits sechs Monate später gefangengenommen und geächtet. Nach der verheerenden Niederlage legte Longs einzige Tochter, die sich der letzten Befehle ihres Vaters erinnerte, das Schloß in Flammen, um Cromwell seine Beute vorzuenthalten. Die Ländereien und das verfallene Schloß wurden einem Soldaten Cromwells, einem gewissen Giles Busteed, überlassen. 1652 wurde Long, damals schon siebzigjährig und krank, wegen Hochverrats verurteilt und zusammen mit vierunddreißig anderen Aufständischen zum Tode verurteilt. Im Januar 1653 wurden sie auf Geheiß Cromwells gehenkt.

Nach Angaben der Coughlans, die das Land heute bewirtschaften, gibt es unweit der Ruine eine alte Begräbnisstätte, die unter dem Namen Teampuileen bekannt ist, ein Gebiet, das nach Anbruch der Dunkelheit von den abergläubischen Bewohnern des Ortes gemieden wird. Vor einigen Jahren versuchte ein Bauer, eine Mauer niederzureißen, die den alten Friedhof einhegt. Indessen gelang ihm sein Vorhaben nicht, denn er sah wohl doch ‚etwas', das ihm das Eingeständnis abrang, der Glaube der Einheimischen an das Übernatürliche sei mehr als bloßer Aberglaube.

KENURE PARK

Rush, County Dublin.

Erbaut 1703. 1978 abgerissen,

um den Bau von Sozialwohnungen zu ermöglichen.

Kenure Park wurde 1703 für den Zweiten Herzog von Ormonde, dem Vizekönig von Irland, gebaut. Dieser war ein scharfsinniger Politiker und ein stolzer Soldat, der wegen seiner Sympathien für die Jakobiter um seine Besitzungen gebracht werden sollte. Das Haus wurde von der Familie Palmer erstanden, die hier fast zwei Jahrhunderte lebte, bevor sie es 1964 verkaufte. 1978 wurde es trotz heftiger Proteste abgerissen. Was blieb, ist die gewaltige Säulenhalle im korinthischen Stil, die dem modernen Wohnviertel, das sie heute umgibt, lediglich den Flair vergangener Zeiten verleiht.

Über Miss Palmer von Kenure Park erzählte Mr. Taylor von Ardgillian Castle im Jahre 1848: „Die arme Miss Palmer gab sich letzten Freitag eine solche Blöße. Sie hatte (Lord Donoughmores') Jagdhunde bei sich und stürzte gleich zweimal vom Pferd, zerfetzte alle ihre Kleider und blieb *(à ce qu'on dit)* in ihrem Reitkostüm und einem Paar grauer Kammgarnstrümpfe liegen, ohne Schlüpfer, nur in gestreiften Unterkleidern. Und in diesem Zustand wollte sie auf die Jagd gehen! Doch Lord Howth rief die Hunde zurück, und querfeldein ritt sie zurück nach Kenure. Es ist schon etwas eigensinnig für eine junge Dame – Frauen haben bei der Jagd nichts zu suchen."

Ardfry House

Oranmore, County Galway.

Erbaut 1770. In den dreißiger Jahren dieses Jahrhunderts abgerissen.

Die Ruine von Ardfry House erhebt sich auf einer windgepeitschten Halbinsel in der Galwayer Bucht. Das Haus war auf einer früheren Burg der Blakes (siehe Menlough Castle, Seite 52) errichtet worden. Gegen Ende des 18. Jahrhunderts war Joseph Blake zum Ersten Earl von Wallscourt ernannt worden, und die Familie blieb hier wohnen, bis die letzte Besitzerin, die zweite Frau des Vierten Earls, ihre Erbschaft verspielte, um ihre Schulden in Monte Carlo begleichen zu können. Sie verkaufte das Blei sämtlicher Dächer des Landguts einschließlich des Bootshauses und suchte daraufhin verzweifelt ihren Anwalt auf, in dessen Büro sie zusammenbrach. Sie starb bei dem Versuch, mehr Geld aufzutreiben, um das Blatt doch noch zu wenden.

Das Herrenhaus blieb sich selbst überlassen, und viele Gegenstände wurden entwendet. Freilich fand sich später in einem Wäldchen einiges Silber, und der Konzertflügel konnte aus einem Friseurgeschäft wiederbeschafft werden. 1922, mit dem Tod des Fünften Earls, erlosch der Titel, doch 1950 gelang es den drei Enkelinnen des Vierten Earls, vor Gericht ihre Ansprüche auf das Haus und 33 Morgen des vormals weitläufigen Familienbesitzes geltend zu machen. Die geselligen, zwergwüchsigen Schwestern Blake, von den Einheimischen „Die drei fröhlichen Mäuse" genannt, leben heute in einem Nebengebäude nahe der Ruine, in dem sie sich mit Familienporträts und anderen Erinnerungsstücken aus ihrer vornehmen Vergangenheit umgeben. Das aus den Trümmern gerettete Familienwappen lehnt an einer Mauer ihres neuen Hauses. Es war bekannt als das ‚Cat-a-Mountain', die Inschrift lautet VIRTUS SOLA NOBILITAT („Tugend allein adelt").

Belview House

Lawrencetown, County Galway.
Erbaut im 18. Jahrhundert.
1922 während der Unruhen niedergebrannt.

Einsam steht dieser neugotische Blickfang in dem einstmals wunderschönen, heute verwüsteten Park von Belview House. Die kargen Überreste des Herrenhauses werden von Schuppentannen und Eichen bewacht.

Die Villa und die Parkanlagen waren von Walter Lawrence (1729-1796) geschaffen worden, dessen Vorfahren 1571 von Lancashire nach Irland gekommen waren. 1922 wurde das Haus von der Irischen Republikanischen Armee niedergebrannt. Wenn man sich dem Landsitz nähert, erscheint ein schöner Triumphbogen, der an Henry Grattans ‚Ulster Volunteers' (1788-89) erinnert, die auch unter dem Namen ‚Irish Volunteers' (Irische Freiwillige) bekannt sind – ihr Gründer hatte ihnen befohlen, sich freiwillig zu melden, oder sie würden erschossen.

Castle Daly

Scalp, County Galway.
Erbaut im 18. Jahrhundert.
Zu Anfang des 20. Jahrhunderts aufgegeben.

Die einzige verbliebene Fassade dieser gruseligen Villa auf einem Hügelhang in der Nähe von Loughrea wirkt wie ein gewaltiger Rabe, der kurz davor ist, mit den Flügeln zu schlagen und in den wechselhaften irischen Himmel zu entschweben. Einst war sie eine von vielen Besitzungen der mächtigen Familie Daly in der Grafschaft Galway; ihren Hauptsitz hatte diese in Raford. Die Dalys, rein irischer Abkunft, waren durch Heirat mit einigen der einflußreichsten Familien im Westen Irlands verwandt: mit den Kirwans von Castle Hackett (Seite 54), den Brownes von The Neale (Seite 76) und den Burkes von Portumna (Seite 56).

Peter Daly hatte auf den Westindischen Inseln großen Reichtum erworben, bevor er 1820 nach Irland zurückkehrte und der Familie Blake (siehe Menlough Castle, Seite 52) das Haus abkaufte. Es hieß Gorbally Castle; er nannte es in Castle Daly um. Nach Auskunft eines Einheimischen gaben die Dalys im Schloß viele große Gesellschaftsbälle, und selbst heute noch scheint die Schloßruine während so mancher Nacht beim Klang von Musik und Gelächter zu neuem Leben zu erwachen.

Menlough Castle

Galway, County Galway.
Erbaut im 17. Jahrhundert. 1910 versehentlich niedergebrannt.

Durch die Tore von Menlough Castle ritten die Gäste zu den Empfängen von Sir John Blake, Zwölfter Baronet und ein berüchtigter Verschwender. Von ihm wird erzählt, er habe sich von dem kleinen Pier neben dem Haus davongemacht und sich den Wellen überlassen, während wütende Gläubiger auf dem Rasen vor dem Haus vergebens auf ihn warteten.

Das mit Türmen versehene Herrenhaus aus der Zeit Jakobs I. am Ufer des Flusses Corrib war von 1600 bis zu einer verheerenden Feuersbrunst zu Beginn des 20. Jahrhunderts im Besitz der Blakes. Die Blakes waren beliebte Grundbesitzer. Zur Zeit von Sir Valentine, dem Vierzehnten Baronet, und Lady Blake wurde jedes Jahr zum 1. Mai eine große Regatta mitsamt einer Teegesellschaft gegeben, zu der alle Einheimischen geladen waren.

In der Nacht des 26. Juli 1910, als sich Sir Valentine und Lady Blake in Dublin aufhielten, ereignete sich eine schlimme Tragödie. Im Zimmer ihrer körperbehinderten Tochter Eleanor brach ein Feuer aus. Eleanor kam in den Flammen um, von ihrer Leiche wurde jedoch nie eine Spur gefunden. Ihre Dienerin starb, als sie aus dem Fenster in den Hof hinabsprang.

Das Schloß hatte viele schöne elisabethanische Kleider und Spitzen, ein große Menge Familiensilber und, so wird gesagt, ein vollständig mit alten Pfundnoten tapeziertes Zimmer enthalten. Aber nur ein einziger Armreif wurde aus dem Feuer gerettet. Der Sechzehnte Baronet, Sir Ulick Blake, erbte eine Ruine. Vor einigen Jahren wurde er tot in seinem Wagen aufgefunden.

,Old' Castle Hackett

Belclare, County Galway.
Erbaut im 13. Jahrhundert. 1705 aufgegeben.

Das alte Schloß der Kirwans steht am Fuß des Knockmaa Hill, von dem angenommen wird, daß er der sagenhafte ,anderweltliche' Sitz Finvarras war, dem Herrscher über die Feen von Connaught.

> Finvarra, der König der Feen des Westens, unterhält freundschaftliche Beziehungen zu den meisten angesehenen Familien Galways, besonders zu den Kirwans von Castle Hackett, denn an Finvarra ist jeder Zoll ein Gentleman, und die Kirwans stellen ihm jede Nacht Fäßchen des besten spanischen Weines hin. Als Gegenleistung, sagt man, ist der Weinkeller von Castle Hackett niemals leer, obwohl der Wein, wenn Gäste da sind, immer reichlich fließt.
>
> (Nach dem Buch *Alte Legenden, geheimnisvolle Zaubermittel und abergläubische Bräuche Irlands* der Dichterin ,Speranza', Mutter von Oscar Wilde.)

Zu Beginn des 18. Jahrhunderts errichteten die Kirwans ganz in der Nähe des alten Schlosses ein neues Herrenhaus, in dem ihre Nachkommen noch heute residieren. 1956 erließ General Sir Denis Kirwan Bernard die letztwillige Verfügung, ihn auf dem Gipfel von Knockmaa Hill beizusetzen, nach keltischem Brauch senkrecht, mit dem Gesicht zur Galwayer Ebene und zu den Bergen dahinter, dem Land, das er so liebte.

Portumna Castle

Portumna, County Galway.
Erbaut 1618. 1826 versehentlich niedergebrannt.
Die Schloßruine ist jetzt ein Nationaldenkmal.

Richard Burke, der Vierte Earl of Clanricarde, baute dieses herrliche Schloß mit Blick auf Lough Derg, das als schönstes und kultiviertestes Haus seiner Zeit in ganz Irland gilt. Richards Gemahlin war Frances Walsingham, die durch ihre früheren Heiraten mit dem Dichter und Krieger Sir Philip Sidney und dem unglücklichen Earl of Sussex, dem vormaligen Günstling Königin Elisabeths I., Erbin eines großen Vermögens geworden war.

Die irischen de Burgos oder Burkes stammen von Wilhelm de Burgo ab, dem Gründer eines mächtigen anglo-normannischen Geschlechts, das 1185 mit Prinz John nach Irland kam. Einige von Richards feurigen Vorfahren, die der irischen Nation wohlgesinnt gegenüber standen, wurden von englischen Zeitgenossen als degeneriert und ‚irischer als die Iren selbst' bezeichnet. Spätere Familienmitglieder waren jedoch bei den Einheimischen weniger beliebt, und das Haus war nur selten bewohnt. Der Zweite Marquis von Clanricarde war ein berüchtigter Grundbesitzer, der außer Landes wohnte. Obwohl ungeheuer reich, war er ein pathologischer Geizhals, der die letzten Jahre seines Lebens als Einsiedler in London verbrachte, wo er oft für einen Stadtstreicher angesehen wurde. Mit seinem Tode im Jahre 1916 erlosch der alte Titel Clanricarde.

TYRONE HOUSE

Clarinbridge, County Galway.
Erbaut 1779. 1905 aufgegeben.
1920 während der Unruhen niedergebrannt.

Die klassische Villa mit Blick auf das Meer war 1779 für die Familie St. George erbaut worden. Deren Sprößling Christopher, geboren 1809, war überzeugter Protestant, jedoch mit einer katholischen Frau verheiratet. Von seinen englischen Zeitgenossen wurde die eheliche Verbindung heftig angefeindet. Beide wurden sehr alt, seine Frau überlebte ihn. Zusammen mit anderen Familienmitgliedern blieb sie, völlig verarmt, bis zu ihrem Tode im Jahre 1905 in dem Haus wohnen. Es heißt, daß in einem Zimmer im Obergeschoß über einem offenen Feuer gekocht wurde.

Obwohl es im Besitz der Familie blieb, stand das Haus leer. Aus nahegelegenen Städten und Dörfern kamen Ausflügler, denen der Hausverwalter gestattete, im Speisesaal zu tanzen. Der größte Teil der Inneneinrichtung wurde verkauft, außer einem Marmorbild eines als römischer Kaiser verkleideten Familienmitglieds aus dem 18. Jahrhundert, das noch etwa fünfzehn Jahre nach Aufgabe des Hauses in einer Nische im großen Saal stand. Schließlich wurde es von den Bewohnern Galways unter großem Zeremoniell zerschlagen und das Haus unter dem Verdacht niedergebrannt, daß es den ‚Black and Tans', einer Truppe britischer Hilfssoldaten, zu denen viele Außenseiter und Kleinkriminelle zählten, als Lazarett dienen sollte.

Heute steht nur noch eine düstere, vom Wind durchwehte Ruine. Die Familie St. George wurde in einem gewaltigen neugotischen Mausoleum auf dem Gipfel eines nahegelegenen Hügels bestattet.

Conolly's Folly oder Obelisk

Castletown, Celbridge, County Kildare.
Erbaut 1740. In den sechziger Jahren dieses Jahrhunderts von der Irish Georgian Society restauriert.

Im Jahre 1740 errichtete Catherine Conolly, Witwe von William Conolly, dem Sprecher des irischen Unterhauses und reichsten Mann Irlands, ihm zu Ehren ein bemerkenswertes Denkmal. Es steht als eindrucksvoller Blickfang etwa drei Kilometer nördlich von Castletown House, dem größten und seinerzeit einflußreichsten Haus des 18. Jahrhunderts in Irland.

Dieses architektonische Jonglierkunststück aus Bögen, die mit Kugeln gekrönt sind, ist fast fünfzig Meter hoch und unter dem Namen ‚Conolly's Folly' (Conollys Narrheit) bekannt. Catherine ließ es erbauen, um nach dem harten Winter von 1739 der Not abzuhelfen und Arbeit zu beschaffen. Es wurde ein Tagelohn von einem halben Penny pro Mann ausbezahlt.

Im März 1740 schrieb ein Familienmitglied, das den Bau nicht guthieß: „Meine Schwester baut einen Obelisken, um den Ausblick von der Rückseite von Castletown House abzurunden; er wird sie mindestens drei- oder vierhundert Pfund kosten, ich denke aber mehr – ich frage mich ernsthaft, wie sie sich das leisten kann und dennoch lebt, wie sie es tut."

Kells-in-Ossory

Callan, County Kilkenny.
Erbaut 1193. 1653 konfisziert und aufgelöst.

Der Anglo-Normanne Geoffrey de Maurisco gründete 1193 das Priorat und die mittelalterliche Stadt Kells. Die vielen Kirchen und Burgen nahmen einst mehr als zehn Morgen ein. Nach dem Fall der Familie de Maurisco wechselte das Priorat mehrfach den Besitzer, bis es Mitte des 17. Jahrhunderts von Cromwell aufgelöst wurde.

Unter den friedvollen, romantischen Ruinen sind noch heute die Überreste von sieben Burgen zu finden. Eine davon, die Burg des Priors, ist auch unter dem Namen ‚Philip na Maoin's Castle' bekannt. Philip na Maoin oder ‚Philip of the Soles' (Philip von den Sohlen) war ein mysteriöser, abgemagerter und exzentrischer Flickschuster, der, niemand wußte woher, etwa 1790 in Kells eintraf. Er ließ sich in der Burg nieder und führte dort lange Jahre eine kauziges, einsames Leben. Von den Einheimischen wurde er gefürchtet, denn sie glaubten, daß er mit dem Mond Zwiesprache hielt und ihre Schuhe von den Kobolden flicken ließ.

Woodstock House

Inistioge, County Kilkenny.
Erbaut 1740. 1922 während der Unruhen niedergebrannt.

Woodstock enthielt früher eine der vorzüglichsten Bibliotheken Irlands und die wunderbarste Schuppentannenallee in ganz Europa. Während der Unruhen wurde das Herrenhaus von den ‚Black and Tans' besetzt, danach stand es leer. Auf das irrige Gerücht hin, daß die britischen Hilfssoldaten zurückkehren wollten, wurde das Haus von einer örtlichen Einheit der Irisch Republikanischen Armee niedergebrannt.

Es war die Residenz der Familie Tighe, die dem irischen Wunsch nach Unabhängigkeit seit Generationen verbunden war. William Tighe, der Inistioge von 1797 bis 1801 im irischen Parlament vertrat, bekämpfte energisch die Unionsakte mit England. Zweimal wurde ihm die Peerswürde angeboten, falls er die Gesetzesvorlage unterstützen würde, doch es wird von ihm überliefert, daß er ‚die verlockende Bestechung entschieden zurückgewiesen und es vorgezogen habe, sich in die erlauchte Reihe ruhmreicher Patrioten zu stellen, die nichts, was eine korrupte Regierung anzubieten hatte, dazu verleiten konnte, ihre Loyalität und Liebe zu ihrem gemeinsamen Land aufzugeben'.

Die Dichterin Mary Tighe (1772–1810), William Tighes von Schwindsucht geplagte Schwiegertochter, verbrachte die letzten Jahre ihres jungen Lebens hier. Eines Morgens im Jahre 1810 spazierte sie von der Prachtvilla zur Ortschaft Inistioge; nach ihrer Rückkehr brach sie auf einem Sofa zusammen und starb. Man rief den Bildhauer Flaxman herbei, um einen Abguß ihres Leichnams anfertigen zu lassen. Obwohl er drei Tage benötigte, um nach Woodstock zu kommen, hat niemand die Tote entfernt. Die Statue befindet sich jetzt in einem kleinen klassizistischen Mausoleum auf dem protestantischen Friedhof von Inistioge. Es wird berichtet, man habe die zerbrechliche Gestalt ihres Geistes gesehen, wie sie noch einmal ihren letzten verhängnisvollen Spaziergang zurücklegte, und sie sei im Tode so graziös wie im Leben gewesen.

Hier lebte auch die legendäre Lady Louisa Tighe. Am Vorabend der Schlacht von Waterloo half sie als ein Kind von zwölf Jahren, ihrem Patenonkel sein Schwert umzuschnallen. Dieser Pate war Irlands größter Soldat, der eiserne Duke of Wellington.

BALLYNAGUARDE HOUSE

Ballyneety, County Limerick.
Erbaut 1774. Zu Anfang des 19. Jahrhunderts aufgegeben.

Erbaut wurde Ballynaguarde 1774 von der mächtigen und berüchtigten Familie Croker, die aus Devon in England stammte. Der Eingang führte durch einen eleganten, mit Löwen und Adlern geschmückten Pavillon im griechischem Stil, der Ziergarten war mit klassizistischen Bildsäulen geschmückt.

Der überlebensgroße Captain Edward Croker führte das Gut in den Bankrott. Zeitlebens galt er als ein ‚wertloser Verschwender, der eine arrogante Brut ungebildeter Dummköpfe beiderlei Geschlechts aufzog‘, doch die berühmteste Geschichte seines abwechslungsreichen Lebens betraf seinen Tod. Als er, an einer unheilbaren Krankheit leidend, im Bett lag, wurde sein Sohn Robert, ein Geistlicher, herbeigerufen, um ihn zu trösten und die Letzte Ölung zuteil werden zu lassen. Robert endigte seine Gebete mit den Worten: „Es ist ein viel, viel besserer Ort, wohin du jetzt gehst.“ Captain Croker, der aufrecht in seinem Bett saß und durchs Fenster seinen wunderbaren Grundbesitz überblickte, erwiderte: „Das bezweifle ich“, und sank tot zurück. In der Gegend ist das Haus unter dem Namen ‚Das-bezweifle-ich-Haus‘ bekannt.

Carriogunell Castle

Clarina, County Limerick.
Erbaut im 15. Jahrhundert. 1691 gesprengt.

Dieses Schloß, ein von Ferne zu sehendes Wahrzeichen, das auf einem zerklüfteten Felsen hoch über der Trichtermündung des Shannon steht, war früher die Hochburg des mächtigen Clans der O'Briens. Sein zertrümmerter Bergfried und seine efeubewachsenen Wälle sind von Gewalt und Krieg gezeichnet und verstümmelt. Nach einer grausamen Belagerung im Jahre 1536 fiel das Schloß an den Lord Deputy Grey, der anschließend die ganze Garnison aufhängen ließ. 1691, nach der Übergabe an die Anhänger Wilhelms von Oranien während der Belagerung von Limerick, wurde die Festung zerstört.

Der Felsen, auf dem das Schloß steht, ist bekannt unter dem Namen ‚Carekogunyel' (Kerzenfels). Eine Sage berichtet, daß eine böse Hexe jeden Abend auf dem Felsen eine Kerze entzündete, deren Licht nach Einbruch der Dunkelheit den Tod aller, die es sahen, herbeiführte. Ein Krieger des legendären Heerführers Finn Mac Cool erkletterte, durch eine Tarnkappe geschützt, den Felsen und schleuderte die Kerze der Hexe in den Shannon.

Dromore Castle

Pallaskenry, County Limerick.
Erbaut zwischen 1867 und 1870. 1950 aufgegeben.
Zur Zeit restauriert.

In der ersten Hälfte des 19. Jahrhunderts lebten die Grafen Limerick in England, doch als der junge und phantasievolle Dritte Earl die Nachfolge antrat, beschloß er, auf seinem irischen Landbesitz ein grandioses Schloß zu erbauen. Mit der Umsetzung seiner Vorstellungen betraute er Edward William Godwin, den kühnen, an Neuerungen interessierten viktorianischen Architekten.

Godwin, ein Ästhet und Freund von Oscar Wilde, ließ sich dazu inspirieren, das Schloß an seinen mittelalterlichen Vorgängern auszurichten, und bezog dabei den beliebten neugotischen Stil seiner Zeit mit ein. Mittelpunkt sollte ein hoher Rundturm im Stil der ‚Cormacs Chapell' sein, der wunderbaren Kirchenruine auf dem Rock of Cashel. Das Innere der Villa wurde in einem etwas gekünstelten Stil gestaltet, welcher nach Angaben der Freunde Godwins von seiner Geliebten, der englischen Schauspielerin und Sängerin Ellen Terry, beeinflußt war.

Die Ähnlichkeit des Schlosses mit einer Festung läßt darauf schließen, daß ihre Bewohner mit Unruhen rechneten. In der Tat waren die Limericks ungeliebte Herren. Der Landsitz war jedoch in größter Hast errichtet worden, und die Ursache seines Untergangs war schließlich nicht Gewalteinwirkung, sondern Feuchtigkeit. Heute hebt sich die Silhouette der Ruine gegen den Horizont ab, geheimnisvoll und bezaubernd wie ein Märchen.

Von Godwin wird erzählt, er habe einer Gruppe von Architekten gegenüber erwähnt: „Wenn Sie einen irischen Auftrag bekommen, lehnen Sie ab." Seine andere Fehlleistung als Architekt war Glenbeigh Towers in der Grafschaft Kerry – wiederum schwammbefallen. In den letzten Jahrzehnten sind auf mehreren Auktionen von Godwin entworfene Möbelstücke aus Dromore ans Tageslicht gekommen. Entdeckt wurden sie an den entlegensten Orten, so etwa im Gasthaus des Ortes und in der Metzgerei.

MOUNTSHANNON

Castleconnell, County Limerick.
Erbaut im 18. Jahrhundert.
1920 während der Unruhen niedergebrannt.

Das Gut Mountshannon erstreckte sich früher über mehr als 900 Morgen, wovon die Hälfte Park- und Gartenanlagen waren. Die berühmtesten Besitzer waren die Fitzgibbons, die der Sage nach eine führende Stellung einnahmen, nachdem sie in ‚Feengold' eingeheiratet hatten. Der berüchtigte ‚Black Jack' Fitzgibbon, 1748 geboren, war Lordsiegelbewahrer von Irland und gehörte zu den mächtigsten Männern seiner Zeit. Verrufen als Gegner der katholischen Emanzipation, lautete sein beliebtester Ausspruch, er werde die Iren ‚so zahm wie eine verstümmelte Katze' machen. 1795 wurde er zum Earl of Claire ernannt, und als er zum ersten Mal im englischen Oberhaus auftrat, rief William Pitt aus: „Mein Gott, hat man je im Leben solch einen Gauner gehört?" Als er 1802 starb, schleuderten die Einwohner Dublins tote Katzen auf seinen Sarg.

Der Zweite Earl von Claire wurde Gerüchten zufolge während einer Eskapade mit seinem Freund, dem Dichter Lord Byron, in einem türkischen Bordell kastriert und starb 1851 kinderlos. Der Titel ging an seinen Bruder Richard über, dessen einziger Sohn, Viscount Fitzgibbon, im Krimkrieg beim Angriff der Leichten Brigade fiel. Bei Sarsfield Bridge errichtete man ein Standbild von ihm, das aber während der Unruhen in die Luft gesprengt wurde. Sein Geist, der seinem Regiment in Indien erschien, inspirierte Rudyard Kipling zu einer Kurzgeschichte.

Das letzte Familienmitglied, dem das Haus gehörte, war Lady Louisa Fitzgibbon, Richards Tochter. Sie liebte üppige Banketts und verschwenderische Bälle und erschöpfte dadurch die Geldmittel des Landguts. In der Erwartung, ihre finanziellen Nöte auf diese Weise beheben zu können, verlobte sie sich mit einem sizilianischen Edelmann. Leider war auch dieser mittellos und wollte sie aus dem gleichen Grunde heiraten. Während einer ausladenden Feier erschienen die Vertreter des Gerichtsvollziehers, um sie zur Räumung zu zwingen, und beendeten so endgültig die Herrschaft dieser exzentrischen Familie.

Manisternagalliaghduff oder ‚Old Abbey‘

Shanagolden, County Limerick.
Gestiftet im 13. Jahrhundert. 1541 aufgelöst.

Das einstmals ausgedehnte Gelände des Nonnenklosters St. Katherine ist heute von dichtem Gestrüpp und alten knorrigen Bäumen bedeckt. Über der Ruine breitete sich eine beklemmende Stille aus. Dem Historiker John Wardell zufolge, der 1904 im *Irish Archaeological Journal* darüber schrieb, gibt es trotz seiner beachtlichen Größe und Bedeutung kaum Anhaltspunkte zu der Geschichte des mittelalterlichen Augustinerinnenklosters. Über seine Gründung liegen keine Quellen vor, doch es fand erstmals in der Inquisition von 1298 Erwähnung.

1541 wurde das Kloster vom Papst aufgelöst, nachdem die Äbtissin, wie es heißt, die Bewohner der Grafschaft durch sexuelle Ausschweifungen und die Ausübung der ‚Schwarzen Künste‘ mit Abscheu und Schrecken erfüllt hatte. Nach dem Weggang der anderen Nonnen blieb die Äbtissin in dem verlassenen Kloster zurück und ereichte ein solch hohes Alter, daß ihr Gesicht ganz schwarz wurde. Sie versteckte sich in der Sakristei und starb einsam in einem Zimmer, das unter dem Namen ‚Zelle der schwarzen Hexe‘ bekannt ist.

Um das Kloster ranken sich viele Legenden. In einer davon geht es um den Grafen und die Gräfin Desmond, die während einer der vielen Schlachten zwischen den Geraldines und den Butlers aus ihrem belagerten Schloß entkamen. Auf der Flucht wurde die Gräfin tödlich verwundet. Der untröstliche Ehemann brachte sie zu dem verlassenen Kloster und bestattete sie in aller Eile unter dem Altar der Hauptkapelle. Dann machte er sich wieder auf den Weg, ohne jemals zu erfahren, daß er seine Gemahlin bei lebendigem Leibe begraben hatte. An der Stätte ihres schrecklichen Todes geht noch immer ihr Geist um.

THE NEALE

Ballinrobe, County Mayo.

Erbaut im 18. Jahrhundert. 1939 wurde das Haus abgerissen.

Zur Zeit Elisabeths I. gehörte die Familie Browne zu den ersten englischen Siedlern in diesem Teil des Landes. Sir John Browne wurde 1789 der Erste Lord Kilmaine. Das Herrschaftshaus existiert zwar nicht mehr, doch haben sich auf dem friedlichen Grundbesitz etliche geheimnisumwitterte, ausgefallene Nebengebäude erhalten. Nahe der Straße erhebt sich eine gestufte Pyramide, die für den Ersten Lord Kilmaine entworfen und angeblich über einem alten Steinhügel errichtet worden war. Früher waren die neun Stufen von einer Bleistatue Apollons gekrönt.

Tiefer im Park steht der klassische ‚Tempel der Winde', der heute ein Hort für wilde Tiere ist. Noch merkwürdiger ist das seltsame Monument, das unter dem Namen ‚Götter des Neale' bekannt ist. Es wird angenommen, daß die alten Skulpturen heidnischer Götter von Edda und Con, den legendären Gründern von Connaught, verehrt wurden. Ob dies eine exzentrische Narretei oder wirklich ein ernstes Anliegen war, ist nicht überliefert.

In der Nähe steht die schwermütige anmutende Ruine der protestantischen Kirche. Es wird erzählt, daß die Hauptglocke in dem hohen Kirchturm beim Tode eines Mitglieds der Familie Browne ganz ohne äußeres Zutun schlug. Der Fünfte Lord Kilmaine, der das Haus 1925 an einen Pächter verkauft hatte, erschoß sich später, da er dem Alkohol verfallen und in großen finanziellen Nöten war. Ob die Glocke wohl auch bei ihm schlug?

ARCH HALL
Wilkinstown, County Meath.
Erbaut im 18. Jahrhundert.
1922 während der Unruhen niedergebrannt.

Die heutige Besitzerin der Ruine von Arch Hall, Mrs. Kitty Colwell, lebt in einem nahegelegenen Bauernhaus. Über die merkwürdige Vergangenheit des Hauses hat sie viele Geschichten gehört. Eines der Gemächer der Villa soll, bevor diese zerstört wurde, vollständig aus Gold gewesen sein, angefangen von der Farbe an den Wänden bis zu den Möbelstücken und den Bilderrahmen. Eine andere Geschichte erzählt von einer jungen Dame, die als Gast der Garnetts ein ihr unbekanntes Paar in Gesellschaftskleidung erblickte, das Arm in Arm die Haupttreppe herabschritt. Sie bemerkte zu ihren Gastgebern, sie habe gar nicht gewußt, daß sich auch noch andere Gäste im Hause aufhielten. „Oh nein", erwiderten diese. „Das sind nur unsere Freunde aus der Vergangenheit."

Ein imposanter Bogen mit Ziergiebel, der auf dem Gelände steht, gab dem Herrenhaus seinen Namen. Zu Beginn des 20. Jahrhunderts wurde von der Familie Garnett zu beiden Seiten des Bogens je eine chilenische Kiefer gepflanzt, um die Geburt von Zwillingsknaben zu feiern. Einer der Bäume hat überlebt, zum Gedenken an sein Leben, das einer der beiden Söhne im Ersten Weltkrieg ließ. Der andere Baum ist verdorrt, denn der zweite Sohn kehrte wegen der Schrecken, die er im Krieg erleben mußte, geistesgestört zurück. Als der Vater der Jungen nach ausgedehnten Reisen in sein Haus zurückkam, erblindete er und starb kurz darauf an einer mysteriösen Krankheit, nachdem er aus einem Schrein am Straßenrand das Auge einer indischen Gottheit gestohlen hatte.

Leap Castle
Aghancon, County Offaly.
Erbaut im 14. Jahrhundert.
1922 während der Unruhen gebrandschatzt.

Das ursprüngliche Turmhaus von Leap Castle war der Hauptsitz der einflußreichen und kriegerischen O'Carrolls. Es stand auf einem mächtigen, alten Felsen, und bewachte einen strategisch wichtigen Paß durch die wilden Slieve Bloom Berge. Die O'Carrolls waren der letzte Clan, der sich im 17. Jahrhundert den Briten ergab. Ihr furchterregender Ruf hingegen ging nicht verloren.

Über dem Hauptsaal des ursprünglichen Turms liegt die ‚Blutige Kapelle', in der der Tadhg O'Carroll, der Einäugige, vor dem Altar seinen Bruder erschlug. Passanten, die spätnachts auf der Hauptstraße vorbeikamen, haben gesehen, wie ein Fenster dieses Zimmers plötzlich von sonderbarem Licht erhellt wird. Vor diesem Spukzimmer befindet sich eine mit Nägeln versehene Oubliette, ein Geheimverlies, in das ahnungslose Gefangene geworfen und einfach vergessen wurden. Gegen Ende des 19. Jahrhunderts wurden hier mehrere Wagenladungen Menschen- und Tierknochen wegtransportiert. Im 17. Jahrhundert war zum letzten Mal von diesem Mordloch Gebrauch gemacht worden. Unter dem Turm erstreckte sich außerdem ein Netz von tiefen Verliesen und zugemauerten Gängen, die in den Felsen hineingehauen waren und etliche geheime Kammern enthielten. Auch hier sind einige menschliche Skelette und Speerspitzen gefunden worden.

1599 lieh sich Sir Charles Carroll, das letzte regierende Clanoberhaupt, von den MacMahons aus Monaghan ein Söldnerheer, um gegen den rebellierenden Earl of Tyrone zu kämpfen. Sei es aus Angst vor Verrat oder aus Unlust, ihnen ihren Sold auszubezahlen, jedenfalls machte er sie auf einem ausschweifenden Fest betrunken und ließ sie anschließend im Schlaf massakrieren.

Im 17. Jahrhundert erwarb die Familie Darby aus Leicestershire in England den Landbesitz, als Jonathan Darby die Tochter von Sir Charles Carroll heiratete. Darby war ein überzeugter Royalist und bekannt als der

‚wilde Rittmeister'. Es wird von ihm behauptet, er habe mit Hilfe zweier Diener, die er danach ermordete, auf dem Schloßgelände einen sagenumwobenen Schatz vergraben. Nachdem er wegen Verrats ins Gefängnis geworfen und erst viele Jahre später wieder freigelassen worden war, konnte er sich aber, mittlerweile halb verrückt geworden, nicht mehr daran erinnern, wo er einst den Schatz versteckt hatte. Das Geheimnis besteht bis auf den heutigen Tag fort.

Die Darbys fügten dem Schloß Mitte des 18. Jahrhunderts die beiden neugotischen Flügel hinzu. Admiral Sir Henry Desterre Darby, der im Jahre 1798 in der Schlacht am Nil HMS Bellerophon befehligte, war distinguierter als der ‚wilde Rittmeister' Darby. Später brachte sein Schiff Napoleon in die Verbannung. Die Darbys konnten den greulichen Ruf ihres Schlosses jedoch nicht abschütteln. Gäste, die über Nacht blieben, sahen sich oft einem angsterregenden Gespenst gegenüber, einer hochgewachsenen weiblichen Gestalt in roter Robe, deren bedrohlich erhobene Hand ein strahlendes Schwert umklammerte.

Die seltsamste und dämonischste Erscheinung in diesem alten Gebäude ist ein übelriechender Elementargeist, halb Mensch, halb Tier, der in dem alten Treppenhaus herumspukt, von dem aus man auf den ‚Acker des Henkers' hinabblickt. Von ihm heißt es, daß er all die gräßlichen Untaten verkörpere, die im Laufe der Jahrhunderte im Schloß begangen worden sind.

Die Darbys wurden schließlich um ihren Besitz gebracht als das Schloß 1922 von Mitgliedern der Irischen Republikanischen Armee niedergebrannt wurde, während die Familie in England lebte. Ein Mob plünderte das Herrenhaus und hängte die zahmen Pfauen an den Zinnen auf. Heute werden die verlassenen Türme nur noch von den ruhelosen Geistern der Vergangenheit und den endlos kreisenden Krähen bewacht.

FLORRIE
CATHY

Rathmore Castle
Sharavogue, County Offaly.
Erbaut im 15. Jahrhundert. Im 17. Jahrhundert zerstört.

Tadhg O'Carroll aus Rathmore war einer der führenden Offiziere, die im Jahre 1643 die katholische Belagerung von Birr befehligten, und ein bekannter Rebell. Da er nicht willens war, sich den Briten zu unterwerfen, wurde er 1652 enteignet. Er starb wenige Jahre später. 1661 bewilligte die englische Krone ein Gesuch seiner Witwe Margaret, ihr und ihren beiden Söhnen die Ländereien zurückzugeben.

Heute ist von dem Schloß, das auf dem Boden eines prähistorischen *ráth* (befestigter Wohnsitz eines altirischen Häuptlings) errichtet wurde, nur wenig übrig. Eine alte Frau, die ihre Kühe auf die Weide trieb, erzählte über die Geschichte des Schlosses: „Früher einmal war es die Festung des legendären Tadhg O'Carroll, mit vier mächtigen Türmen, die zwei Morgen Land bedeckten, aber jetzt hat es die Natur wieder an sich genommen."

Castle Strange

Athleague, County Roscommon.
Erbaut im 18. Jahrhundert. 1918 versehentlich niedergebrannt.

Dieses um ein früheres Turmhaus gebaute, hoch aufragende Herrenhaus mit seinen vier massiven Schornsteinen und seinen Fensterhöhlen, ist heute zerfallen. Es war einst der Sitz der Familie L'Estrange aus Norfolk. Ihr Wappen am zerstörten Stall ist inzwischen fast ganz von Kletterefeu bedeckt, aber die Inschrift läßt sich noch entziffern: NEC TEMERE NEC TIMIDE (‚Weder leichtsinnig noch ängstlich').

Neben der Auffahrt liegt unter einer alten Eiche ein runder, verzierter Stein, der mit rätselhaften gewundenen Dekorationen bedeckt ist. Dieser alte Stein spielte einmal eine wichtige Rolle bei keltischen Ritualen, von denen heute nichts mehr bekannt ist. Ein alter Mann kam näher. Er hatte sein ganzes Leben hier verbracht, zeigte aber wenig Interesse an der Geschichte der Ruine; er nannte sie nicht einmal Castle Strange, sondern einfach nur das ‚alte Schloß'. Als er wegging, murmelte er vor sich hin: ‚Castle Strange, was für ein dummer Name für ein Schloß!'

FRENCHPARK HOUSE

Frenchpark, County Roscommon.
Erbaut 1729. 1953 abgerissen.

Fast nichts ist übrig von dem herrlichen palladianischen Landhaus der Lords de Freyne, das 1953 vom Siebenten Lord de Freyne verkauft und kurz danach abgerissen wurde, um die Zahlung einer Gebäudesteuer zu vermeiden. Erbaut wurde es 1729 von John French. Sein Sohn Arthur, der Vierte Lord de Freyne, erbte ein beträchtliches Vermögen. Als Arthur 1769 starb, weitete sich die Totenwache zu einem dreitägigen Festgelage aus, und alles, was Rang und Namen hatte, speiste, trank und tanzte um seinen Leichnam. Der Fünfte Lord de Freyne wurde weniger gefeiert. Während der Großen Hungersnot des 19. Jahrhunderts wurde sein Bildnis von den irischen Bewohnern des Dorfes Frenchpark aufgehängt.

Alles, was von dem einst wohlhabenden Landgut jetzt noch bleibt, ist ein efeuüberwuchertes Brauhaus, ein ausgetrockneter See und ein Untergeschoß. Der Mann, der sich wie schon vor ihm sein Vater um den Park kümmert, sagte: „Es war ehedem ein wunderschönes Haus. Es tut mir leid, daß Sie nicht mehr davon sehen können."

Seafield House

Coolera, County Sligo.
Erbaut 1840. 1940 aufgegeben.

William Phibbs war ein Mann von beträchtlichem Vermögen, und es war sein Wunsch, daß Seafield House, der neue Familiensitz, den Reichtum der Familie widerspiegeln und sich mit den anderen bedeutenden Häusern der Grafschaft messen, ja sie nach Möglichkeit übertreffen solle.

1881, vierzig Jahre nach dem Bau des Herrenhauses, trat Owen, sein ältester Sohn, die Nachfolge an. Man hielt ihn für einen wohlwollenden Grundbesitzer, obwohl seine Untertanen ihn zu grüßen hatten, wenn er in seiner Kutsche an ihnen vorüberfuhr. Owen Phibbs Arbeit als Archäologe in Ägypten und Syrien versorgte ihn mit einem Schatz an Schwertern, Dolchen und Mumien. Kurz nachdem er sie im Haus untergebracht hatte, begann ein böser Poltergeist sein Unwesen zu treiben und während der Nacht Geschirr und Schmuckgegenstände zu zerschlagen. Von den Dienern kündigten etliche, und einem alten Gärtner jagte eine hochgewachsene, düstere Erscheinung, die mit weithin hallendem irren Gelächter im nahegelegenen See untertauchte, fürchterliche Todesangst ein. 1899 taufte Owen Phibbs das Haus in dem Bemühen, seinen schlechten Ruf loszuwerden, in Lisheen um.

Basil Phibbs, ein stiller Mann, war Nachfolger seines Vater auf Lisheen. Im Ersten Weltkrieg diente er als Ambulanzfahrer beim Französischen Roten Kreuz. Sein Sohn Geoffrey schrieb in seinem Buch *Die Grüne Insel:* „Nur einmal hat man ihn verdächtigen können, etwas größeres als einen Fasan töten zu wollen, und das war, als er vom Fenster seines Ankleidezimmers aus einen Schuß auf die Irische Republikanische Armee abfeuerte, die sich auf dem Tennisplatz unseres Hauses in Lisheen versammelt hatte. Er verfehlte die Soldaten, so wie er auch viele Fasane verfehlt hatte.“ Nach Basils Tod im Jahre 1938 wurde das Haus und alle Einrichtungsgegenstände verkauft, bis nur noch die nackten Wände übrigblieben. Damit endete die Verbindung der Familie Phibbs mit dieser Gegend. Selbst der veränderte Name des Hauses blieb nicht in der Erinnerung.

Annagh Castle
Lough Derg, County Tipperary.
Erbaut im 14. Jahrhundert. Im 17. Jahrhundert zerstört.

Von diesem Schloß der O'Kennedys, das wie ein Geisterschiff in der Nacht auftaucht, wird erzählt, daß es einen sagenhaften Schatz verborgen halte. Der Schatz war von Edmond Roe O'Kennedy hier versteckt worden, der zusammen mit anderen Iren im 16. Jahrhundert gegen die englische Königin Elisabeth I. rebellierte und in der Folge im Schloß getötet wurde. Das Geheimnis des Schatzes, der niemals geborgen wurde, nahm er mit in sein Grab.

Ballinakill Castle
Dunkerrin, County Tipperary.
Erbaut 1580. Im 17. Jahrhundert zerstört.

Schafe trotten durch die prächtigen Säle des Schlosses, das im 16. Jahrhundert von den Butlers, den Earls of Ormonde, gebaut wurde, um die kriegerischen irischen Clans zu unterwerfen. Die Butlers (ihr ursprünglicher Familienname war Walter) waren eine normannische Familie, die im 11. Jahrhundert mit Wilhelm dem Eroberer nach England gekommen war. 1185 sprach ihnen Prinz John Theobald Fitzwalter, der damit die irische Dynastie der Butlers begründete, Ländereien in Irland zu. Der größte Teil des Landes lag in den Midlands im Zentrum Irlands. Als die Butlers begannen, die Region mit eiserner Faust zu regieren, riefen sie einen Konflikt ins Leben, der mehr als fünfhundert Jahre andauern sollte.

Der Hauptsitz der Butlers war südlich von Ballinakill in der mittelalterlichen Stadt Kilkenny. Piers Butler, der Achte Earl of Ormonde, dessen Grabmal in der Kathedrale von Kilkenny liegt, hatte zwei ältere Brüder, Edmund und Theobald, die allerdings als unehelich galten. Von Edmund, dessen Linie in irische Familien einheiratete, stammten die Vorfahren des wohl bedeutendsten Dichters Irlands, des überzeugten Nationalisten William Butler Yeats, ab.

Lackeen Castle

Lorrha, County Tipperary.
Erbaut im 16. Jahrhundert. 1653 verwirkt und an Cromwell übergeben.

Die O'Kennedys von Upper und Lower Ormonde kämpften fast fünfhundert Jahre lang gegen die anglo-normannischen Butlers (siehe Ballinakill Castle, Seite 96). Lackeen, wahrscheinlich das schönste ihrer Schlösser (Annagh, Seite 94, war ein weiteres), wurde 1653 den Truppen Cromwells übergeben. Im 18. Jahrhundert brachte John Kennedy die Ländereien seiner Familie wieder in seinen Besitz. Während baulicher Veränderungen am Schloß entdeckte er ein altes illuminiertes Pergamentmanuskript, das Stowe Missal, das von einem seiner Vorfahren in einer prunkvollen Schatulle versteckt und in einer Wand der Festung eingemauert worden war.

John Kennedy starb 1766 und liegt in der nahegelegenen Lorrha Abbey begraben.

Thomastown Castle

Golden, County Tipperary.
Erbaut 1670. 1872 aufgegeben.

Auf dem Sitz der Familie Mathew, der Earls of Llanduff, wurden die luxuriösesten Feste in ganz Irland gefeiert. 1776 schrieb Thomas Campbell aus Tyrone, daß das Schloß „alle Möglichkeiten eines Paradieses auf Erden" aufweise. ‚Grand George' Mathew, gutaussehend, weitgereist und ein ausgezeichneter Schwertfechter, machte aus dem neugotischen Gebäudekomplex ein freizügiges Luxushotel für Freunde und für alle, die da kommen wollten. Wenn sie im Schloß eintrafen, begrüßte er sie mit folgender Rede: „Dies ist Ihr Schloß. Hier können Sie ebenso uneingeschränkt gebieten wie in Ihrem eigenen Haus. Von diesem Augenblick an kennen Sie mich nicht mehr als den Hausherrn, sondern dürfen mich nur noch als einen der Gäste betrachten."

In seinem Buch *Leben von Dean Swift* beschreibt Thomas Sheridan solche Besuche. Als Swift in die Allee einbog und von der Größe des Hauses entsetzt war, befahl er seinem Kutscher, auf der Stelle umzukehren und nach Dublin zurückzukehren, weil er sich nicht vorstellen konnte, in einer solchen Menschenmenge zu verkehren. Sheridan überredete ihn zum Bleiben. Als er von George Mathew begrüßt wurde, antwortete Swift: „Gut, dann lade ich Sie und Dr. Sheridan ein, solange ich hier bin, meine Gäste zu sein, denn mich mit dem Mob da unten abzugeben, werde ich kaum in Versuchung geraten." Indes besann er sich eines anderen, blieb vier Monate und spielte bei den Lustbarkeiten eine führende Rolle.

Von seinen Zeitgenossen wurde Mathew für verrückt gehalten, er arbeitete aber hart, stand beim ersten Hahnenschrei auf und trank wenig. Mit seinem Vermögen ging er so sparsam um, daß er es seinen Nachkommen vollständig überlassen konnte. Sein einziger Sohn starb jedoch vor ihm und sein Enkel ein Jahr nach ihm im Jahre 1838. 1841 erlosch der Titel Llanduff, und 1872 wurde das Schloß aufgegeben. 1938 erwarb Erzbischof David Mathew, Historiker und ein Nachfahre der Familie, die verfallende Ruine, um sie vor der Vergessenheit zu retten.

TIMONEY PARK
Roscrea, County Tipperary.
Erbaut im 19. Jahrhundert.
1922 während der Unruhen niedergebrannt.

Seit Mitte des 17. Jahrhunderts gab es gewaltige Unterschiede zwischen dem Lebensstil der neu angesiedelten englischen ‚Abenteurern' und dem der vormals mächtigen gälischen Kriegsherren, deren Land oft beschlagnahmt worden war. Auf der einen Seite gab es die neu errichteten, luxuriösen Villen der Siedler, in denen sie ihre Landsleute gerne üppig bewirteten, auf der anderen Seite die hohen, alten Turmhäuser mit ihren strohgedeckten Dächern, in denen die angestammten irischen Fürsten in sehr viel weniger aufwendigem Stil lebten, wenn sie nicht sogar aus ihren Häusern vertrieben worden waren.

Diese düstere, efeubewachsene Ruine war der Wohnsitz der anglo-irischen Familie Parker-Hutchinson. Wie so viele andere Herrenhäuser wurde es während der Unruhen niedergebrannt. Nahe der Ruine liegen mehr als dreihundert große Steine über ein weites Gebiet verstreut. Ob es sich um ein prähistorisches Monument oder einfach um eine Spielerei handelt, bleibt ein Geheimnis.

ARDOGINNA HOUSE

Ardmore, County Waterford.
Erbaut im 18. Jahrhundert. 1918 aufgegeben.

Diese neugotische Haus gehörte zuerst den Costens. Ein junger Erbe der Costens wurde von seinem Vormund übervorteilt und als Dieb gebrandmarkt. Als er auf den Klippen in der Nähe des Hauses vor den Soldaten floh, die ihn verfolgten, stolperte sein Pferd, und er wurde an den eigenen Zügeln aufgehängt. Die Stelle ist noch immer unter dem Namen ‚Crook-an-Heire' (Galgen des Erben) bekannt.

Danach ging das Haus von den Prendergasts an die Coghlans über. Madam Coghlan hielt den aufwendigen Lebensstil ihrer Familie, indem sie den Schmugglern half, die an der Küste landeten. Ihre Tochter Thomasina spielte noch im Alter von fünfundachtzig Jahren mit Puppen und kleidete sich wie ein Kind, ihr Sohn Jeremiah hatte, wo immer er hinging, zwei Kätzchen bei sich. Zwei weitere Kinder, beides Mädchen, waren bildschön. Eine heiratete den französischen Duc de Castries, die andere den Achten und letzten Earl of Barrymore, den berüchtigten ‚Cripplegate' (siehe Castle Lyons, Seite 30). Die Coghlans waren wie die Barrymores vom Schicksal zu finanziellem Ruin ausersehen, deshalb glaubte man von dem Haus, daß es verflucht und verhext sei. Neben zahlreichen anderen der Zeit wird auch jene Geschichte von der gefährlichen losen Stufe auf der

Haupttreppe erzählt, die immer wieder ihre Lage veränderte, seit darunter das Skelett eines Kindes entdeckt worden war.

Die letzten Besitzer des schicksalsträchtigen Herrenhauses waren die McKennas, die es von Marshall MacMahon, dem Sieger von Magenta und Präsidenten Frankreichs, einem Enkel des Duc de Castries, gekauft hatten. Sir Joseph MacKenna war Bankier und Politiker, und er und seine Frau gaben viele bedeutende Gesellschaften, bei denen die Kiefernallee vom Eingangstor bis zum Haus von fünfhundert Fackeln beleuchtet wurde.

Das Denkmal, von dem das Mausoleum der MacKennas noch immer bewacht wird, ist inzwischen so überwuchert, daß man es nur durch Zufall entdecken kann. Die Inschrift läßt sich so übersetzen:

MEINE EXISTENZ IST WIE EINE ZERBROCHENE TREPPE,
SIE WINDET SICH UM EINEN ZERFALLENEN TURM
UND FÜHRT NIRGENDWOHIN.

Killua Castle

Clonmellon, County Westmeath.
Erbaut 1780. 1830 im modischen neugotischen Stil umgebaut.
In den dreißiger Jahren dieses Jahrhunderts aufgegeben und abgerissen.

Killua Castle, eine der romantischsten Ruinen in Irland, war früher der Sitz der Familie Chapman, die ursprünglich aus Leicestershire in England stammte und durch die Unterstützung ihres berühmten Cousins Sir Walter Ralegh zu Ansehehen gelangte. Das riesige Besitztum mit Seen und nutzlosen Prachtbauten trieb die Familie schließlich in den Ruin. Sie hatte versucht, mit ihren äußerst wohlhabenden Nachbarn Schritt zu halten. Ein Obelisk, der auf dem Gelände steht, erinnert an die Anpflanzung der ersten Kartoffel in Irland durch Ralegh. Er wird datiert auf das Jahr 1810; dreißig Jahre später gab es eine Mißernte, und die Große Hungersnot begann.

Thomas Chapmann (1848-1919), der letzte Nachkomme der Familie, heiratete eine Rochford, die ihm vier Töchter gebar. Es war keine glückliche Ehe, und er verbrachte viel Zeit in England, wo er Sarah Dunner traf und sich in sie verliebte. Er änderte seinen Namen von Chapman zu Lawrence und hatte mit ihr fünf Söhne. Einer ist durch seine Initialen T. E. bekannt: ‚Lawrence von Arabien', der umstrittene weiße Führer der Araber während des Ersten Weltkriegs. T. E. Lawrence lebte nie in Killua, kam aber zu Besuch.

Jacky Dalton war gegen Ende des 18. Jahrhunderts der Gutsverwalter von Sir Benjamin Chapman, und blieb nach seinem Tod als Geist in Killua. Er stand zuvor mit seinem Arbeitgeber in einer engen Beziehung und saß sogar am Ende von Sir Benjamins Eßtisch. Dabei trug er eine besonders ausgefallene gelbe Perücke und spielte den Gästen auf dem Dudelsack vor. Man sagt von ihm, er habe seinen Herrn um beträchtliche Summen Geldes erleichtert. Nach dessen Tod wurde er zum Alkoholiker und beging schließlich Selbstmord, indem er sich in einen See stürzte.

Heutzutage sind viele der Seen von Killua trockengelegt, die Prachtbauten abgerissen und verkauft, aber auf einem Hügel steht nach wie vor die wunderbare Schloßruine, Wahrzeichen für die Extravaganz eines romantischen Zeitalters.

Moydrum Castle

Athlone, County Westmeath.
Erbaut 1814. 1921 während der Unruhen niedergebrannt.

Sir Jonah Barrington bemerkte, daß William Handcock 1799 bei seinem öffentlichen Festmahl Lieder für die Gegner der Union mit England komponierte und vortrug, während er nur wenig später im Jahre 1800 wiederum Lieder für das Bestehen der Union sang. Ihm wurde der Adelstitel verliehen. William Handcock wurde 1812 Lord Castlemaine und ließ 1814 dieses prächtige neugotische Schloß erbauen.

Im Juli 1921 brannte die britische Armee auf der Suche nach Waffen drei benachbarte Bauernhöfe nieder, worauf die Irisch Republikanische Armee Vergeltung übte, indem sie Moydrum, ein unverkennbares Symbol englischer Unterdrückung, niederbrannte. Lord Castlemaine war nicht anwesend, und so mußten sich seine Frau und seine drei Töchter um das verkohlte Mauerwerk des Schlosses kümmern, in dem sie nie wieder wohnen konnten.

Rosmead House

Delvin, County Westmeath.
Erbaut im 18. Jahrhundert. 1923 niedergebrannt.

Der großartige Triumphbogen von Rosmead, ‚Smiling Bess' (Lächelnde Lisbeth) genannt, gehörte im späten 18. Jahrhundert Mr. Smyth aus Glananea in der Grafschaft Westmeath. Er war bekannt unter dem Namen ‚Smyth mit dem Tor', bis er den Triumphbogen seinem Nachbar im nahen Rosmead vermachte – daraufhin wurde er umbenannt in ‚Smyth ohne das Tor'.

Der Bogen bleibt der stumme Eingang zu den vergessenen Ruinen von Rosmead House.

Waterston House

Athlone, County Westmeath.
Erbaut 1749.
1923 aufgegeben. 1930 abgerissen.

Waterston House wurde 1749 für Gustavus Handcock (siehe auch Moydrum, Seite 110) erbaut, einen Vorfahren der Familie Harris-Temple, die bis 1923 hier residierte, bis sie wegen Verschwendungssucht und schlechter Organisantion Bankrott machte. Die Villa war von einer Parklandschaft umgeben, die mit Bauwerken geschmückt war, darunter eine Eremitage, ein pompöser Taubenschlag, eine Schloßfassade auf einer Insel im See und ein schöner ummauerter Küchengarten mit einem Zierbogen.

An einem Sommerabend erzählte mir ein alter Mann die Geschichte der letzten hier lebenden Mitglieder der Familie Harris-Temple. Der Hausherr war erblindet und hatte Zuflucht im Alkohol gesucht. Er zeigte sich nur, um einen Diener den langen Weg nach Athlone zu schicken, damit er aus der Apotheke ein besonderes weißes Pulver besorge. Dieses weiße Pulver hatte die Wirkung, daß man aus einer Flasche Whiskey zwei machen konnte. In seinen jüngeren Jahren hatte dieser Mann zu gepflegten Gesellschaften geladen. Von seiner Frau wurde erzählt, daß sie einige Affären mit britischen Armeeoffizieren hatte, die zu Besuch kamen. 1930 übernahm der Gutsverwalter, der teilweise für die schlechte Betreuung des Anwesens verantwortlich gewesen war, das Haus und verkaufte den größten Teil des Hausrats, einschließlich der Türen und Fenster. Harris-Temple kehrte nach England zurück, wo er bei einem Unfall angefahren und getötet wurde. Einige Jahre später wurde der See, um fortdauernden Gerüchten entgegenzutreten, trockengelegt, und man entdeckte auf dem Grund zwei menschliche Schädel. In den mittlerweile verwüsteten Gartenanlagen wurde das Skelett eines weiteren Menschen gefunden, doch alle diese Überreste konnten nie identifiziert werden.

Der gegenwärtige Besitzer des Gutes lebt in einem bescheidenen Bungalow in der Nähe der Ruine. In seinem Besitz befindet sich ein altes Foto aus den neunziger Jahren des 19. Jahrhunderts, das ein Treffen der vornehmsten Personen des Landes zeigt. Sie alle haben sich auf dem gepflegten Rasen vor der glanzvollen Villa versammelt, und in ihrer großartigen Ausstattung strahlen sie die unbedingte Zuversicht aus, daß ihr Zeitalter für immer fortbestehen werde.

CASTLEBORO HOUSE

Enniscorthy, County Wexford.
Erbaut 1840. 1923 während der Unruhen niedergebrannt.

Dieses riesige und beeindruckende Herrenhaus wurde 1840 in romanischem Stil errichtet, um ein früheres Haus zu ersetzen. Es war im Besitz der Familie Carew, die aus Devon in England stammte und der während der Herrschaft Karls II. Ländereien in der Grafschaft Wexford zugesprochen worden waren. Die Carews vermehrten ihr Vermögen durch taktisch kluge Heiraten und herausragende Karrieren in Politik und Juristerei.

Der Erste Lord Carew unterstützte die irische Unabhängigkeitsbewegung und bekämpfte die Unionsakte von 1801. Man erzählt, daß Carew, kurz nachdem er Parlamentsabgeordneter geworden war, auf Castleboro von Viscount Castlereagh aufgesucht wurde. Dessen Aufgabe war es, die Klasse der Landbesitzer zu bestechen, damit diese für die Vereinigung mit England stimmten. Er wurde aber von Carew aus dem Haus geworfen.

Nach dem Tod des Ersten Lord Carew im Jahre 1856 verbrachten die Nachkommen der Familie nur noch wenig Zeit in dem prächtigen Haus, wenngleich sie in den Sommermonaten dort große Gesellschaften für ihre englischen Freunde gaben. In der Nacht des 3. Februar 1923 wurde das Haus während einer solchen Tischgesellschaft von der Irischen Republikanischen Armee bis auf die Grundmauern niedergebrannt. Gäste, die am Fuß der großen Freitreppe standen, welche zu der Villa führte, mußten voller Entsetzen mitansehen, wie die damalige Lady Carew in das Haus zurücklief. Sie versuchte vergeblich, die ihr so teuren, in mühevoller Handarbeit mit Wappen bestickten Kissen aus dem Westflügel zu retten, bevor das Dach auf sie einstürzte. Ihr Gemahl, der Dritte Lord Carew, starb zwei Monate später an gebrochenem Herzen. Heute ist das einstmals prächtige Haus eine düstere, leere Steinhülse.

Das Motto der Familie Carew lautet: NIL ADMIRARI – „Von nichts überrascht sein".

Coolbawn House
Enniscorthy, County Wexford.
Erbaut 1840. 1914 während der Unruhen niedergebrannt.

Francis Bruen brauchte fünfundzwanzig Jahre, um diesen Phantasiebau im Tudorstil zu errichten. Er residierte die meiste Zeit in England. Sein verhaßter Verwalter, Mr. Routledge, beglich die Mietrückstände der protestantischen Pächter lieber aus eigener Tasche, als das Land in die Hände von Katholiken fallen zu lassen. Konnten Katholiken nicht zahlen, wurde ihr Land Protestanten vermacht.

In Erwartung von Mr. Bruens Rückkehr wurden jeden Freitag fünfzig Pferde behuft, doch er kam selten oder nie. Nach der Erzählung von John Hennessy, dem Sohn des jetzigen Hufschmieds, kam das Ende für Coolbawn an einem späten Winterabend während der Unruhen. Einige Diener der Familie, die in einem kleineren Haus auf dem Gut wohnten, wurden von der Irischen Republikanischen Armee aus dem Schlaf geschreckt und mit vorgehaltenen Waffen bedroht. In dem Glauben, bei dem Haus handele es sich um Coolbawn, befahl der Kommandeur, es in Brand zu setzen. Seinen Irrtum bemerkte er erst, als er den wenig bedeutenden Hausrat sah. So machte er den Herrensitz selbst ausfindig und ließ ihn anzünden.

Tintern Abbey
Bannow Bay, County Wexford.
Gestiftet um 1200. 1538 aufgelöst.
Zur Zeit in Restauration.

Es heißt, Tintern Abbey oder ‚Tintern de Voto' sei als Folge eines Gelübdes errichtet worde. Es steht am westlichen Ufer der Bucht von Bannow und dürfte wahrscheinlich die schönste Klosteransiedlung in Irland sein. William Mareschal, der normannische Earl von Pembroke, war während der Überfahrt von Wales nach Irland in einen furchtbaren Sturm geraten: Wenn es Gott gefiele, sein Leben zu retten, würde er, so sein Gelöbnis, an seinem Landeplatz ein Ordenshaus erbauen. Er widmete die Abtei der Jungfrau Maria und ließ Zisterziensermönche von Tintern Abbey aus seiner walisischen Heimat kommen, damit sie hier Gott dienen konnten.

1538 wurde die Abtei aufgelöst und das Land 1652 einem Soldaten Königin Elisabeths I., Sir Anthony Colclough aus Staffordshire, vermacht. Dieser wandelte das Gebäude in ein Wohnhaus um. Seine Nachfahren lebten hier mehr als dreihundert Jahre lang. Die Colcloughs gründeten in der Gegend eine mächtige Dynastie und sollen gegen Ende des 18. Jahrhunderts ein Fünftel der Grafschaft Wexford in ihrem Besitz gehabt haben. Im Gegensatz zu vielen anderen anglo-irischen Grundbesitzern hatten sie jedoch die meiste Zeit ein außergewöhnlich gutes Verhältnis zu den Einheimischen; einige Familienmitglieder riskierten und verloren sogar ihr Leben, als sie im Laufe der Jahrhunderte für die irischen Interessen kämpften.

Einer von ihnen war Sir Caesar Colclough, der die Abtei 1723 erbte. Er war ein hervorragender Athlet, und auf seinem Land veranstaltete er für seine Pächter Sportwettkämpfe, bei denen es Essen und Getränke im Überfluß gab. Er wohnte unter seinen Pächtern, und sie nannten ihn den ‚Großen Caesar'.

Die Herrschaft der Familie endete, als Miss Lucy Colclough die Abtei 1958 dem Staat zum Geschenk machte.

WILTON CASTLE

Enniscorthy, County Wexford.
Erbaut im 19. Jahrhundert.
1923 während der Unruhen niedergebrannt.

Ein breiter Burggraben und Festungsanlagen umgeben noch immer den einstmals prächtigen Sitz der Familie Alcock, die seit 1695 hier wohnt. Im 19. Jahrhundert fügte Colonel Harry Alcock die großartigen Türme und herrlichen Parkanlagen hinzu. Nach allem, was man hört, waren die Alcocks gute Landbesitzer. Auf dem Höhepunkt des Bürgerkriegs im Jahr 1922 verließ die Familie Irland, weil sie die Sicherheit Shropshires in England vorzog. Das Schloß überließ sie dem Verwalter. Dieser war nicht in der Lage, es gegen die Irische Republikanische Armee zu verteidigen, die das Herrenhaus am Abend des 5. März 1923 in Brand setzte. Die Eindringlinge entschuldigten sich für ihr Vorgehen, das ihnen befohlen war.

Viele gespenstische Anekdoten ranken sich um die dramatische Silhouette des Schlosses. Am Todestag des 1840 verstorbenen Harry Alcock ist auf der Auffahrt zum Schloß eine Geisterkutsche zu sehen. Seinem Geist begegnet man auch auf den Wegen um das Schloß, und ein im Ort wohnender Schuster behauptet sogar, mit ihm gesprochen zu haben. Ein anderer Einheimischer erzählte, daß in einem der Schloßtürme, in dem eine alte Frau, die vormals Schauspielerin gewesen und bei einem Brand umgekommen war, zuweilen ein seltsames Licht leuchte.

Wir möchten den folgenden Personen für ihre Hilfe, ihre Informationen, ihre Gastfreundschaft und Inspiration danken, ebenso den vielen Hausbesitzern, Landwirten, Gastwirten und Bibliothekaren Irlands, deren Unterstützung und Freundlichkeit nicht vergessen sein wird: den drei Schwestern von Ardfry House, Elizabeth Lady Arnold, Prinzessin Minnie de Beauvoir-Craon, Miss Frances Brady, Miss Caroline Carey, Mr. Gerald Carroll, Mrs. Mary Byron Casey, Mr. Willy Cody, Mr. und Mrs. John Cohane, Mr. John Colclough, Mrs. Kitty Colwell, M. und Mme. Marcel Croes, Graf und Gräfin Dunraven, der verstorbenen Herzoginwitwe Dunraven, Messrs. Michael und Thomas Flahaven, Miss Fiona Ford, Mr. John und Lady Jennifer Fowler, Mrs. John Gallagher, Mr. Thomas Garland, Mr. Shaun Gaul, Mr. Tom Graves, Mr. Johnny Hennessey, Mr. und Mrs. Patrick Hennessy, Mr. R. William Higgins, Mr. und Mrs. Christopher Hindley, Mr. Thomas Kenney, Mr. Johnny Keyhoe, Mr. Alan und Lady Vivienne Lillingston, Mrs. Donna Long, Mr. und Mrs. George Loudon, Mrs. Simon Marsden, der verstorbenen Mrs. Dermot McCalmont, Mr. Michael McCalmont, Mr. John McCann, Mrs. Leila McGarel-Groves, Mr. Matthew McNulty, Mrs. Nora Moran, Graf und Gräfin Mount-Charles, Mr. John Nankivell, Miss Angela Neville, Mr. Nicholas Nicholson, Mr. Gerard O'Brien, DLIS, Messrs. Ruan und Oscar O'Lochlainn, Mr. Percy Paley, dem verstorbenen Col. Power, Mrs. Gervas Power, Mr. Piers Rogers, dem verstorbenen Major und Mrs. Patrick Rome, Mr. Michael Rooney, Graf und Gräfin Rosse, Mr. Patrick Ryan, Sergeant Scully, Father Slattery, Mr. und Mrs. Ian Spence, Heinrich Graf von Spreti, Mr. T. Alan und der verstorbenen Mrs. Staunton, Miss Jane Storr, Graf Trolle-Bunde, dem alten Kutscher von Waterston House und Mrs. Beryl Windsor.

Unser besonderer Dank gilt Vivien Bowler, Christian Gotsch, Andrew Barron und Mari Roberts für ihre Hilfe bei der Redaktion, beim Design und bei der Herstellung dieses Buches.

Ancient Legends, Mystic Charms and Superstitions of Ireland, Lady Jane Wilde. London, 1888.
Burke's Guide to Country Houses, Vol.1, Ireland, Mark Bence-Jones. London, 1978.
The Castles of County Cork, James N. Healy. Cork und Dublin, 1988.
Castles of Ireland, C. L. Adams. London, 1904.
Castles of Ireland, Brian De Breffny and George Mott. London, 1977.
‚The Curse of Cromwell', *The Collected Poems of William Butler Yeats*. London, 1950.
‚The Empty Gardens of Ardo', *Country Life Annual*, Mark Bence-Jones. London, 1968.
The Follies and Garden Buildings of Ireland, James Howley. Yale University Press, 1993.
The Great Hunger, Cecil Woodham-Smith. Penguin Books, 1962.
Guide to Kilkenny City and County, P. M. Egan. Kilkenny, 1884.
Historical and Topographical Notes, etc. on Buttevant, Castletownroche, Doneraile, Mallow, and Places in their Vicinity, Vol.3, J. G. White. Cork, 1905–1916.
The Houses of Ireland, Brian De Breffny and Rosemary Ffolliott. London, 1975.
The Illustrated Guide to the Blackwater and Ardmore. 1840.
Illustrated Guide to the City of Limerick and Antiquities in Its Neighbourhood. Hodges, Figgins, and Co. Ltd., Limerick.
Irish Archaeological Journal, Vol.18 (5th series), 1908.
The Irish Country House – A Social History, Peter Somerville-Large. Sinclair Stevenson, 1995.
Irish Eccentrics, Peter Somerville-Large. Hamish Hamilton, 1975.
The Journal of the Cork Historical and Archaeological Society, Vols.70–71, 1965–66.
The Journal of the Galway Archaeological and Historical Society, Vol.1, no.1; Vol.2, no.1.
The Journal of the Kildare Archaeological Society, Vol.2, 1898.
The Last Earls of Barrymore, 1769-1824, John R. Robinson. London, 1894.
Limerick: Its History and Antiquities, Ecclesiastical, Civil, and Military, From the Earliest Ages, M. Lenihan. Dublin, 1884 und 1886.
Lost Demesnes, Edward Malins und The Knight of Glin. London, 1976.
North Munster Antiquarian Journal, Vols.3–5, 1942–48.
North Munster Studies, Etienne Rynne, ed. Limerick, 1967.
Old Kilkenny Review, no.4, 1951; no.21, 1969.
Picnic in a Foreign Land, Ann Morrow. Grafton Books, 1989.
Sketches in Carbery, County Cork, Daniel Donovan. Dublin, 1876.
Some Celebrated Irish Beauties of the Last Century, F. Gerard. London, 1895.
Some Georgian Houses of Limerick and Clare, S. Stewart and R. Herbert. 1949.
South Westmeath, Farm and Folk, Jeremiah Sheenan. Dublin, 1978.
Topographical Dictionary of Ireland, Vol.2, Samuel Lewis. London, 1837.
Twilight of the Ascendancy, Mark Bence-Jones. Constable & Co., 1987.
Wait and See, Albert Thomas. Michael Joseph, 1944.
Wonders of Ireland, Eric Newby und Diana Petry. London, 1969.

Es gibt eine Geschichte von zwei Dorfbewohnerinnen, die vor der Tür ihrer kleinen Cottages standen und miteinander plauderten. Ein großer Möbelwagen fuhr am Pförtnerhäuschen des Schlosses vorbei durch das große ramponierte Tor am Ende der Dorfstraße und kam langsam auf sie zugerumpelt. „Haben Sie gewußt, daß die Poers wegziehen?". „Ja", kam die Antwort, „aber wir haben ja immer gewußt, daß sie nicht lange bleiben würden." Die Poers waren im Zuge der normannischen Invasion ins Land gekommen. Sie verließen ihr Haus in den sechziger Jahren dieses Jahrhunderts.